本书受河南省教育科学规划 2022 年度一般课题"中医药文化对外传播视：
题编号：2022YB0282) 和 2023 年度南阳理工学院教育教学改革研究与实践项
研究"（课题编号：NIT2023JY-050) 资助。

日语教学新型教学法的
应用研究

李 银 著

WUHAN UNIVERSITY PRESS
武汉大学出版社

图书在版编目(CIP)数据

日语教学新型教学法的应用研究/李银著.—武汉：武汉大学出版社,2024.11

ISBN 978-7-307-24184-8

Ⅰ.日… Ⅱ.李… Ⅲ.日语—教学法 Ⅳ.H369.3

中国国家版本馆 CIP 数据核字(2023)第 234340 号

责任编辑:周媛媛　　　责任校对:牟　丹　　　版式设计:文豪设计

出版发行：**武汉大学出版社**　　(430072　武昌　珞珈山)

(电子邮箱:cbs22@ whu.edu.cn　网址：www.wdp. com.cn)

印刷:武汉中科兴业印务有限公司

开本:720×1000　　1/16　　印张:13　　字数:197 千字

版次:2024 年 11 月第 1 版　　　2024 年 11 月第 1 次印刷

ISBN 978-7-307-24184-8　　定价:79.00 元

前　言

　　伴随着中日关系跌宕起伏，我国日语高等教育发展也经历着繁荣与萧条。日语高等教育在我国经过几十年的发展，规模不断扩大，质量也在逐步提高。截至2011年，全国两千多所高等院校中，开设本、专科日语语言文学专业的院校比例近四分之一，全国学习日语课程的学生人数达六十多万，高校日语教师有上万人，日语专业的办学规模在外语类专业中排名仅次于英语。

　　高校日语教学在教育领域中发挥着重要功能。日语教育不仅可以有效地对学生进行美育教育，而且可以提高大学生的跨文化交际能力，促进文化交流。在美育方面，可以从多个方面体现出来，如教师可以通过深层次探索教学内容中美的特质，推动日语教学进入一种审美情境，同时运用多元化教学方法，激发学生的审美潜能。教师在进行日语教学时，可以在学生实际学习的基础上，将自身丰富的情感和教学内容结合，形象地展示教学内容，用丰富的语调对日语词汇、句式进行教学，并在此过程中全面展示日语在情感、形象、韵律等方面的美。如此，学生在学习日语时，就能对日语产生浓厚兴趣。与日语教学不同的是，英语教学在国内开始于小学阶段，但受传统教学追求分数和成绩的影响，英语教学多为"哑巴"式教学；而日语教学通常在大学阶段开设，大学生心智发展相对成熟且能够认识到日语口语的重要性，在多样化教学方法的运用和互动下，学生的交际能力和沟通能力可以得到有效提升。同时，高校日语课堂还会为学生提供展示自我的平台，教师可以根据大学生自身特点制订美育发展规划，充分发挥日语教学中的美育功能。从文化角度来看，高校日语教育也具有重要价值，学生在学习日语的过程中，可以加深对日本文化的了解。高校日语教材中对日本文化知识和文化背景的介绍较多，包含历史、民间风俗、饮食文化和节日文化等方面的知识，不仅可以让学生学习到多样的日语语言文化知识，还有助于中日两国教育和文化的交流，为我国培养大批复合型高端日语人才。

　　当前，我国高校日语教学在发展中出现了一些问题，有专家提出应该从教学内容、教学模式、教师队伍建设等方面深化日语教学改革，提升日语教学效果。这些方法对日语教学改善具有一定作用，但总的来说，效果还有待提升。对此，我们要从宏观角度把握高校日语教学，找到日语教学在发展过程中出现的问题和原因，从根源出发促进日语教学改革与发展，提升教学效能。综合来看，在现今高校日语教学中，教学方法普遍存在创新不足的现象，因此，必须探索更多日语教学新型教学法的应用研究，才能助力高校日语教学发展。在日语教学不断发展的同时，新型教学法逐渐取代传统教学法，更多的教师尝试利用不同的教学法进行教学探索和改革。任务教学法、Seminar 教学法、交际教学法、情景教学法、混合式教学法，以及在日语教学中运用网络资源教学等作为当前被广泛推崇的语言教学方法，在日语教学中逐渐受到重视并得到推广。

本书由南阳理工学院李银撰写，主要分为七章，对我国高校日语教学中存在的多种新型教学法进行了论述。第一章为 21 世纪我国日语教育的发展，主要分析我国日语教育教学的社会背景和政治经济环境，阐述我国本科、研究生日语专业建设现状，公共日语课程建设现状和其他日语教育状况。第二章为任务型教学法在日语教学中的应用研究，首先对任务型教学法进行概述，其次阐述任务型教学法在日语教学中的实验研究状况，最后分析任务型教学法在日语教学应用中存在的问题并提出相关建议。第三章为 Seminar 教学法在日语教学中的应用研究，首先提出 Seminar 教学法在日语教学中应用的理论基础，其次阐述 Seminar 教学法在日语教学中的应用探索状况，最后对 Seminar 教学法在日语教学中的应用进行深入反思。第四章为交际教学法在日语教学中的应用研究，分为两个部分，具体为交际教学法概述、交际教学法在日语教学中应用的实验研究。第五章为情景教学法在日语教学中的应用研究，主要为情景教学法概述、情景教学法在日语教学中的应用分析与应用实践。第六章为 SPOC 混合式教学法在日语教学中的应用研究，主要介绍 SPOC 混合式教学法的概念与理论基础、SPOC 混合式教学法背景下日语教学改革的现状与价值，并提出 SPOC 混合式教学法在日语教学中的应用。第七章介绍网络资源在日语教学中的应用研究，阐述网络资源在日语教学中应用的理论背景并进行了实验性分析，阐述网络资源在日语教学应用中的促进作用，最后提出网络资源在日语教学中的应用策略。

本书是在当前我国日语高等教育基础上提出日语教学新型教学法的应用研究，可以为我国日语高等教育发展提供一定参考和借鉴。尽管经过多次修改和完善，但是本书难免存在不足之处，恳请各位读者指正，笔者不胜感激。

目　录

第一章　21 世纪我国日语教育的发展 ································ 1

第一节　社会背景和政治经济环境 ······························· 1

第二节　本科、研究生日语专业建设 ····························· 4

第三节　公共日语课程建设现状 ································· 12

第四节　其他日语教育 ······································· 18

第二章　任务型教学法在日语教学中的应用研究 ················ 23

第一节　任务型教学法概述 ···································· 23

第二节　任务型教学法在日语教学中的实验研究 ················· 28

第三节　任务型教学法在日语教学应用中的不足与建议 ············· 40

第三章　Seminar 教学法在日语教学中的应用研究 ············· 51

第一节　Seminar 教学法在日语教学中应用的理论基础 ············· 52

第二节　Seminar 教学法在日语教学中的应用探索 ··············· 63

第三节　Seminar 教学法在日语教学中应用的反思 ··············· 75

第四章　交际教学法在日语教学中的应用研究 ················· 83

第一节　交际教学法概述 ····································· 83

第二节　交际教学法在日语教学中应用的实验研究 ················ 86

第五章　情景教学法在日语教学中的应用研究 ……………………… 111

　　第一节　情景教学法概述 ………………………………………… 111

　　第二节　情景教学法在日语教学中的应用分析 ………………… 114

　　第三节　情景教学法在日语教学中的应用实践 ………………… 121

第六章　SPOC 混合式教学法在日语教学中的应用研究 ……… 135

　　第一节　SPOC 混合式教学法的概念界定与理论基础 ………… 135

　　第二节　SPOC 混合式教学法背景下日语教学改革的现状与价值 ……… 141

　　第三节　SPOC 混合式教学法在日语教学中的应用 …………… 152

第七章　网络资源在日语教学中的应用研究 ………………… 167

　　第一节　网络资源在日语教学中应用的理论背景及实验性分析 ………… 167

　　第二节　网络资源在日语教学应用中的促进作用 ……………… 177

　　第三节　网络资源在日语教学中的应用策略 …………………… 185

参考文献 ……………………………………………………………… 193

后　　记 ……………………………………………………………… 201

第一章　21世纪我国日语教育的发展

第一节　社会背景和政治经济环境

一、国内社会背景和政治经济环境

随着我国改革开放的不断深入，社会主义市场经济得到快速发展，国家实力日益增强。1999年6月13日，中共中央、国务院作出《关于深化教育改革全面推进素质教育的决定》，提出全面推进素质教育，培养适应21世纪现代化建设需要的社会主义新人；深化教育改革，为实施素质教育创造条件；优化结构，建设全面推进素质教育的高质量的教师队伍。同年，国务院批准转发了教育部提出的《面向21世纪教育振兴行动计划》。随后，原国家计划发展委员会和教育部联合发出紧急通知，决定1999年中国高等教育扩招。于是，各大高校开始逐步扩大招生规模。1998年，全国高校的招生人数为108万，1999年扩招比例高达47%，其后三年分别以25%、17%、10%的速度增长，到了2005年，高校招生人数已达到504万人。这也标志着我国高等教育进入大众化阶段。[1]随着大规模扩招，高校教师数量严重不足，教学质量开始下降。对此，教育部于2012年印发《关于全面提高高等教育质量的若干意见》，指出把本科教学作为高校最基础、最根本的工作。同时，国家教育主管部门针对国内所有普通高等院校教育教学工作作出一系列评测和估量，对日语专业也进行了大规模调整。2001年，我国成为世界贸易组织成员，国内外政治经济环境日新月异。迈入21世纪的第3年，教育部开始逐步进行高等教育教学改革工作，旨在建设一批高质量精品课程，用来展现各大高校教学师资力量雄厚、相关专业教学内容丰富、各大课程教学方法和教

---

[1] 资料来源：https://news.sina.com.cn/c/sd/2009-09-10/144218622828.shtml.

学管理先进等优势，由此形成了国家课程、地方课程和校本课程三级课程体系。在日语教育方面，教育部同步进行改革，逐步丰富相关教学内容、优化教学方法和管理方式。此外，教育部逐步建设高等院校优秀课程相关网站，并建立优秀课程数据库，充实外语学习资源，各大高校师生可以自由进入此类网站，自由下载相关课程资源。如此一系列举措促进了 21 世纪各大高校的外语教育高质量发展。

与此同时，国家开始倡导全面培养综合性高素质人才，各大高校开始逐步设立与必修课程对应的选修课程或者与主修专业对应的辅修专业，实行学分制管理，旨在扩大大学生知识范围，日语专业教师的教学工作量也随之不断增加。随着信息技术和网络媒体的发展，日语专业教师仅靠传统的课堂教学已经无法适应时代要求，他们必须在教学方法和教学手段上进行创新，以适应新时代发展，推动日语教学与社会实际相结合。在此背景下，出现了各专业教学课件竞赛、优秀课程录制等教学新形式，这为日语专业教育发展提供了新思路。

在高校毕业生分配工作制度方面，从 1996 年开始大学生取消分配正式施行，1998 年后开始大规模施行，2000 年全面停止包分配。这就意味着，高校毕业生统一分配、派遣工作的相关制度被取消，大学生从高校毕业后拥有了自主择业的机会。高校逐步探索为社会主义建设事业培养专业人才的道路，逐步优化专业设置和课程安排，对各专业进行拓展。在此制度下，高校鼓励日语专业毕业生顺应潮流，主动在社会中寻找适合自己专业发展的工作。

二、中日关系

进入 21 世纪，中国和日本的关系也进入一个新阶段，随着中国国家实力的逐步增强，中国和日本的经济交往逐步朝着良好的方向发展，双边贸易往来不断得到深化和拓展，投资额逐步上升。同时，在亚洲东部地区经济一体化的发展趋势下，两国在经济方面的合作得到更深层次的发展，中日两国的经贸合作多年来一直是中日合作的重要组成部分，当下中日经济贸易关系发展迅速，双边贸易不断扩大。

在新的经济形势下，中国和日本经济贸易关系整体上发展较快，双边贸易自始至终是中日经济贸易关系的重要组成部分，双边贸易的不断增长推动着中日经贸关系的快速发展。根据相关数据，中日贸易在21世纪呈现较快的增长势头。随着中国经济的飞速发展，制造业的生产结构逐渐转型升级，相关产品不断得到优化，中日贸易结构也随之发生转变。随着我国生产规模的扩大，生产技术的不断提升，中国对外贸易不再单纯依靠出口初级产品，同时还对能源提出了新的要求。中日双边贸易结构逐渐转向高端领域，使两国贸易的彼此依赖程度逐步加大。在21世纪，中国的市场体系逐渐完善，经济模式逐步成熟，不断吸引众多外国资本进入。这种多元化投资的融合，以及投资规模的进一步扩大，使中日经贸关系更加紧密，推动着中日经济的发展。在两国政治、经济发展的背景下，我国高校日语教学也获得了较快发展。

三、国内环境和中日关系与日语教育的相互作用和影响

国内环境和中日关系对日语高等教育的发展方向具有重要促进作用，并对教育活动产生重要影响，这种影响对日语高等教育在多个方面的发展都具有制约作用。国内外环境的变化，特别是内部需求环境和外部国际环境的变化，对日语高等教育发展趋势产生影响，这是日语高等教育发展的重要基础，也是整个教育发展的规律。也就是说，教育发展一定受制于社会政治、经济的发展，并与其发展相适应。

国家内部环境中存在的社会需求对教学形态具有制约作用，相较于政治发展形势，外部环境中的经济发展对日语高等教育具有更大的影响。国内环境和中日关系的不断变化，不论是积极因素带来的有利影响还是消极因素造成的不利影响，都能够在日语教育中及时反映出来。不过相比较而言，国内环境的影响程度要远大于中日关系对其产生的影响。

此外，日语教育在对内外环境适应的过程中，其对内外环境也产生反作用，并在某种程度上超过现实要求，对当前和之后的社会发展产生促进或阻碍作用。

第二节　本科、研究生日语专业建设

一、中国高等院校日语专业教学发展的成果

中国高等院校日语专业教学取得了越来越多的标志性成就，在世界的地位越来越高。开设日语专业的学校和硕（博）士授权点的数量迅速增长，教学制度不断完善，教学手段日益创新，日语教育指导政策逐步实施，高校日语教学内容得到不断更新，相关教师队伍建设和日语方面的科研获得较大成果。但是，在高校日语教学中，相关教材和教学方法等还有很多需要改进的地方，所以需要重新分析基础教学的地位，促进跨文化交际教学，推动中国日语教学体系的完善。在这一时期，中国高等院校日语专业教学获得了巨大的建设成果，具体体现在以下六个方面。

一是中国在世界日语专业教育中的地位逐渐上升。2008 年 3 月，日本国际交流基金会对海外日语教育机构进行了较为详细的调查，并发布了关于海外日语教育现状的调查报告。报告显示，除日本以外，韩国是日语教育机构中学习日语人数最多的国家，数量达到 90 多万，中国学习日语的人数紧随其后，数量接近 70 万。不过，从学习者受教育水平来看，中国是高等教育阶段学习日语人数最多的国家，数量达到 40 多万，远远超过韩国高等教育阶段学习日语的人数。另外，对参加日语相关考试人数的调查报告显示，除日本以外，中国的人数占到近一半，远远高出位于第二位的韩国。此外，在中国举办的各种层次和级别的日语教育研究讨论会议不断增多，对日本和其他国家与地区的研究人员与学者形成较大吸引力，在世界其他地区举办的日语教育研讨会，大部分有中国学者参与。中国编订的高等教育各个级别和类别的日语相关教材和工具书等，与世界各国相比，占据着绝对领先的位置，具有十分重要的价值。

二是全国高等院校中，开设日语专业的高校和硕（博）士授权点的数量快速增长。进入 21 世纪以来，设立日语专业的高校开始迅速增加。在 21 世纪前 10 年，

在包含普通本科院校、民办高等学校和独立学院在内的本科院校中，设立日语专业的大学数量占到三分之一以上；在高等职业院校中，开设日语专业的学校达到六分之一。同时，日语专业的硕（博）士授权点也在增长。另外，我国在应用语言学和外国语言学等方面，设置了日本语言、政治、经济、文学等方向的博士研究点。

三是我国开始实施针对日语教学的全国性统一指导政策。20世纪90年代初，教育部高等学校日语专业教学指导委员会成立，其下设立日语组，后改称日语分委员会。日语分委员会成立后，开始紧锣密鼓地修订高校日语教学大纲。在21世纪初，先后出版了关于基础阶段和高年级阶段的日语教学大纲，使我国日语专业教学有了统一的指导标准。相关部门还根据我国日语教学新形势，提出了提高学生跨文化交际能力方面的新标准。同时，国家开设了日语四级和六级考试，旨在对日语教学大纲的实施进行考量。相比于日语能力考试，日语四级和六级考试新增了很多主观测试题，以测试学生的日语翻译、造句和写作等能力，还增加了有关日本文化、社会、历史等方面的内容。另外，在国家高校特色专业建设方面，日语专业显示出自身的特色，如上海外国语大学和北京第二外国语学院的日语专业成为国家第一类特色专业建设点，其日语专业不仅提高了学生日语专业基础能力，而且提升了专业特色，从而提升了学生的就业适应能力和创新能力。

四是日语教学方法不断完善，教学内容不断创新。随着互联网的普及和信息技术的提高，高校日语专业在教学方法上有了非常大的改变。国家在多媒体教学上不断开发新软件，对日语教材的发展起到了较大的推动作用。计算机技术的发展，使高校课堂教学中的日语教学应用率不断提升，即计算机辅助教学广泛应用于日语课堂中。随着网络的普及，高校各专业开始利用网络的海量资源进行辅助教学，网络上多样的影像资料和最新的专业信息打破了传统课堂信息滞后的局限，丰富了日语课程中的试听课素材。以网络技术为教学方法，部分日语专业课程已经发展成为国家级精品课程，并获得很多教学成果奖。另外，日语教育内容也在悄然发生变化，高校针对大学生就业需求开设了管理日语、旅游日语、医学日语等实用性课程；为提高大学生的专业学术能力，还开设了日本社会、日本历史和日本文化等课程。随着中国日语教学研究会在商务部和其他相关部门的合力支持下成立，日本商务日语考试被引入中国。相关日语专业政策也指出，高校各大专业可以根据需要设立旅游、管理等课程，以满足社会需求。此外，日语专业毕业论文的写作内容也逐步发生改变，由之前的以日语文学为主要内容，逐渐转变为以社会文化为主要内容。

五是中日两国大学生交流更加频繁，中国到日本留学的大学生不断增多。伴随国内各大学国际交流途径的增加，家庭经济水平的提升，在大学期间到日本留学的大学生人数迅速增长。比较常见的留学模式是在国内就读 3 年、在国外就读 1 年或者在国内和国外分别学习 2 年。由于这些大部分是高校与高校之间的交流项目，所以通常会采用大学生互换的形式，会为学生免去或者减少学费，旨在为更多的大学生到日本学习创造机会。部分高校还会选派专业日语教师到国外对大学生进行学习和生活等方面的指导。留学生经过在日本的几年学习，能够亲身感受到日本的社会文化和习俗，从而提升自身的日语语言实践能力和跨文化交际能力。

六是日语专业教学师资队伍水平整体提升，关于日语教学的科学研究活动成就显著。在高等院校中，日语专业教师的主要人员成分发生改变。20 世纪 50 年代到 80 年代，日语教师主要是在日本或者我国东北地区进修过日语的教学人员，20 世纪 80 年代初，我国培育了很多致力于教学一线的优秀教学人才。20 世纪 90 年代以后国内外毕业的日语专业硕士和 2000 年以后国内外毕业的日语专业博士开始成为高校日语教师队伍的核心力量。[1] 许多专业学术水平高超、具有责任感的日语教学人员出现，他们在日语专业教学和科研一线贡献自身力量。同时，伴随着我国高校科研水平的提升，有关日语研究的讨论会开始增多。中国日语教学研究会每两年举行一次关于日语教学的国家研讨会。日本学研究中心和国内多所知名高校还会定期举办国际或国家研讨会，这些会议对国内外的大学日语专业教学人员和研究人员具有较大吸引力。此外，一些全国性的日语演讲大赛、日语辩论比赛、日语配音竞赛等活动的举办也推动着中国日语专业的优化与提升。

---

[1] 修刚. 中国高等学校日语教育的现状与展望：以专业日语教学为中心 [J]. 日语学习与研究，2008（5）：1-5.

二、中国高等院校日语专业面临的问题

中国高等院校日语专业在中华人民共和国成立后，经历了低速发展期、快速发展期和20世纪末的高速发展期，但在专业方面还面临许多问题。

首先，高校日语教学资源不够平衡。对我国日语专业整体发展状况进行分析，相关教学资源已经达到比较好的情况。然而，在我国东部地区和中部、西部地区之间，新设专业和旧的已经存在的专业之间，本科院校和专科院校之间依然存在教学资源不平衡的问题。中部、西部地区的很多高校，尤其是新设日语专业的院校和21世纪以来发展起来的高等职业院校，在相关图书资料建设、教师队伍建设和日语专业建设等方面还存在许多困难。如在教师队伍建设方面，部分高校的日语专业教学人员的学历在硕士及以上的占比非常低，难以满足专业教学的需求。高等教育出版社、高等学校日语专业教学指导分委员会等积极举办日语教师队伍建设的研究进修班，旨在培养优秀的日语教学人员，并取得了较好效果。但是，对于部分高校新建的日语专业和高等职业院校的日语专业的整体专业水平的提升还需要付出更多努力。

其次，高校日语教学研究有待进一步深化。我国高校在日语教学方面有着优良的教学传统，培育的大量日语专业人才在日语界受到高度评价。随着我国高等教育向大众化方向发展，我国日语教学的整体水平不断提升，高校在教学方法上不断创新，这就要求深入优化高校日语教学研究。如对于因降低大学生学分造成的日语课时减少、新设课程造成的主要课时减少等问题[1]，通过何种解决途径来保证高校日语教学质量；对于日语语法相关理论的不断更新发展，怎样使用适合学生学习特点的专业术语进行有效教学；对于各大高校引入的新型教学方法，怎样将课堂教学和网络教学充分结合，提升教学效率；等等。以日语中动词多用为例，在我国高校使用的教材中，有的高校使用的是当前日本国内教材常用的术语，有的高校使用的是传统日语语法的术语，还有的高校采用折中的办法，使用较为折中的术语。因此，关于日语教学的研究还需与实际教学密切联系，有待进一步研究。

---

[1] 修刚.中国高等学校日语教育的现状与展望：以专业日语教学为中心 [J].日语学习与研究，2008（5）：1-5.

最后，高校日语专业教学改革有待深入。在我国高校中，日语专业发展方面面临的另一个问题就是在新的社会发展形势下，怎样对日语教学进行深入改革。我国日语专业在高校教学方面出现两种变化：一是日语学术性倾向更加明显，强调大学生在校期间不仅要提高自身日语语言能力，而且要学习日本概况、日语语言学理论概论、日本文学概论等，应突出能力培养和专业知识构建。在国内综合性大学中，日语专业的这种变化趋势十分突出，高校日语硕士点的不断增加也体现了这一变化。二是日语现实性倾向更加明显，在对大学生毕业后就业去向进行充分调查的基础上，提升大学生的实践能力，增加对应的实践性日语专业课程，如医学日语、科技日语、经济日语等专业课程，并更加重视大学生的毕业实习。此外，在日语专业教学中，还有一个十分重要的问题，就是高校在最后一个学期经常会安排一些与就业相关的活动，导致很多高校这一学期的课程无法落实到位。

在日语专业大学生毕业论文的指导上也出现了一些问题，很多大学生的论文选题与日语教学人员的指导方向出现不对应现象。调查显示，大学生在毕业论文选题上，更加偏好选择日本社会、经济等方向，而日语专业教师的学历背景大多是语言文学专业，导致两者出现较大反差。另外，大学日语教育在专题方面的研究也存在不足，对日语教学方面的问题的研讨无论是区域性会议还是全国性会议都比较少，全国性教学信息的交流沟通还不够顺畅，各大高校培养的日语专业学生质量参差不齐等问题还比较突出。对于这些凸显的问题，日语专业须在课程安排、教学目的、课程目标和教学方法等方面进行创新，以确保专业教学目标的实现。

三、本科日语专业建设

（一）整体规模

20世纪90年代末以来，全国各大高校开始扩大招生规模，在高校开设外语专业的现象越来越普遍，其中日语专业是开设率比较高的一门专业。在此期间，各大高校的办学设施和办学条件也得到进一步的完善，相关图书资料、多媒体资源越来越多，在各大专业中选修课或者第二专业大量增加。另外，高校教师队伍构成也趋向科学合理化。进入 21 世纪后，经济发展速度逐渐加快，市场对专业型的高素质人才的需求量逐渐加大，高校逐步出现诸如"旅游日语""经贸日语""管理日语""医学日语"等以日语语言为基础的专向培养。日语逐渐成为各大高校新增的热门专业，我国普通高等院校的日语专业学科建设在世界范围内已达到较高的水平，其中不但有系统化、科学化的工具性语言教学，还涉及历史、政治、经济、文化、文学、医学等领域的教学。在此基础上，我国出现了一大批日语专家、学者及日语专业人才。在以理科和工科专业为主的普通高等院校中，相关日语专业在这一期间有了井喷式的增长。此外，日语高等教育从专科到本科再到研究生各个层次的教学规模都得到迅速扩大，与之相比，教学质量在这个时期出现了参差不齐的现象，相关问题日益凸显。

伏泉（2013）指出，中国日语教育教学研究会和日本国际交流基金会合作，在 2003 年对全国普通高等院校开设日语专业和日语教育教学的情况进行了调查。此次调查结果显示，全国共有 200 多所高等院校开设了日语专业，在高等院校攻读日语专业或者以日语为第二专业的大学生数量高达 20 多万。学习第二外语的学生人数，除英语外，学习日语的人数最多。高等院校学习日语的大学生人数在接下来的几年时间里迅速增长。到 2006 年，学习日语的大学生人数已经达到 40 多万，2009 年增长至 50 多万，其中大部分是公共日语的学习者。[1]

进入 21 世纪后，高校教师薪资待遇逐步提高，更多的高级专业人才开始进入高校，高校教师整体学历和教学水平有了质的提升。各大高校在教师队伍建设方面，不但重视层次性，而且开始考虑学缘结构，以防止教师队伍中只有本校毕业人员。同时，日语专业在语言、文化、经济等方面也开始追求平衡性。

（二）高校日语教学点的基本情况

21 世纪初，日语办学时间相对比较长的各个高校都开始进行专业教材建设，不断推出自己的一系列教材，日语相关教材无论是在数量上还是在质量上都得到很大提高，如北京大学出版社出版的基础阶段精读教材《综合日语》(1~4 册)，北京外国语大学、上海外国语大学等编写的《基础日语教程》(1~4 册)、《新大学

[1] 伏泉. 新中国日语高等教育历史研究 [D]. 上海: 上海外国语大学, 2013.

日语标准教程》《现代日本语》(1~6册)、《高级日语精读》(上下册)和《高级日语》(1~4册)等。这些日语教材凝结了诸多教育者的心血,充实并丰富着日语高等教育的教材资源。随着国家"九五""十五""十一五"三个五年计划的提出,国家级教材规划建设不断加强,关于普通高等院校日语专业、公共日语和高等职业院校日语专业使用的教材相继出现,极大地丰富了高等教育阶段的教材资源。

在日语专业设置安排上,很多高校在原有的日语语言文学方向的基础上,增加了多种专业方向或者综合型专业。如上海外国语大学在2003年开设了日语专业辅修英语方向,北京第二外国语学院增加了同声传译和商贸与跨文化交际方向,西安外国语大学增加了旅游日语和国际贸易日语方向,等等。[1]各大高校日语专业教学人员的科研意识和专业能力也在明显提升,各大高校日语专业教师开始陆续出版各种与日语相关的专著,发表日语相关论文,编写各种日语教材,其中很多日语教材被列入国家教材规划。还有许多高校的日语教师承担了国家社会科学基金的多种项目和各大省市社会科学基金项目、省部级和国际合作项目等。

四、研究生日语专业建设

20世纪八九十年代,在设置硕士点的普通高等院校,每年招生人数都少于10人。进入21世纪后,我国高校研究生培养规模逐步扩大,到2007年,我国高校开设日语专业硕士点的数量已经达到60多个,各大高校每年在日语专业招生的人数也增加到几十人,在教育部直属的50多所综合性高等院校中,有40多所院校具备日语专业的硕士学位授予权,在日语专业方向上一般是日语语言专业、日本文学专业、日本文化专业和同声传译专业等。[2]日语研究生教育在学生素质、培养体制和管理制度上,与20世纪的日语高等教育有了很大程度的完善和优化。各大高校在硕士研究生的论文开题报告、学期成绩考核、毕业学位论文评审制度、发表学术论文制度等方面制定了很多新制度,以确保日语专业研究生的培养质量。

高等院校不仅在硕士研究生培养方面采取措施提升质量,还不断加强对博士

[1] 伏泉. 新中国日语高等教育历史研究 [D]. 上海:上海外国语大学,2013.

[2] 伏泉. 新中国日语高等教育历史研究 [D]. 上海:上海外国语大学,2013.

研究生的培养。当前,我国在日语专业设置博士培养点的高等院校有十几所。其中,北京大学、北京外国语大学、东北师范大学、上海外国语大学和吉林大学五所院校在外语语言文学学科下属二级学科的日语语言文学专业方向有博士培养点。除以上高校外,还有一些高等院校取得了外国语言学与应用语言学下的日语语言学方向博士授予权。如广东外语外贸大学和解放军外国语学院在 2006 年获得授予权,黑龙江大学和南开大学在 2011 年获得授予权,其博士生导师分别为 3 名、1名、1 名、1 名,包括在日语语法学、日语句法学、日本思想文化等方向进行研究。此外,除了博士研究生以外,黑龙江大学、上海外国语大学还在校内外国语言文学博士后科学研究流动站中招收并培养日语博士后人才。

在我国开设日语硕士课程的高等院校中,绝大部分是在 21 世纪前后十多年间获得了硕士学位授予权,并开办了硕士研究生阶段的日语教育课程。此外,相对于获得硕士授予权的时间来说,实际的研究生开始培养时间要早一些。如广东外语外贸大学在 1996 年获得日语语言硕士学位授予权,但其在 1983 年就开始招收和培养日语硕士研究生;东北师范大学在 1990 年获得日语语言硕士学位授予权,但其在 1982 年就开始招收和培养日语硕士研究生。这两所学校最初招收和培养的日语专业学生在大学学习结束后,都被送往当时就有硕士学位授予权的吉林大学进行论文答辩并获取学位。还有部分高校,如北京大学和上海外国语大学也有这样的来自外校的日语研究生的学位答辩申请。[1]

2013 年,我国在日本学方面的研究机构大约有 100 个,其中四分之一是日语教育研究机构。日本研究学会有 40 多个,分为全国性的和地方性的,研究学会成员数量达上万人。在高等院校中,设立比较早且规模比较大的专门研究日本方面问题的综合性科研机构有两个层面。在国家层面,相关科研机构有于 1981年成立的中国社会科学院日本研究所。该所专门研究当代日本的政治、经济、社会、文化、外交等方面的问题,主办有《日本学刊》。该所的主要活动如下:一是以单人或者小组形式工作,针对当前日本社会各方面形势进行研究,研究内容有专题形式和综合形式,承担本机构课题研究或者其他部门的委托项目;二是定期或

---

[1] 伏泉. 新中国日语高等教育历史研究 [D]. 上海: 上海外国语大学,2013.

不定期组织以日本研究为主的学术交流活动,向国内或者国外相关学者发出邀请,开办讲座,选派相关专题研究人员出国进行研究考察和学术交流,同日本或其他国家共享资源、举办学术交流会等;三是增强国内日本研究机构的联系,促进相关信息的互通,开展相关专题研究,主持相关部门的会议;四是培养当代日本研究的硕士和/或博士研究生。在高校层面,相关科研机构有于 1985 年成立的北京日本学研究中心、于 1988 年成立的北京大学日本研究中心、于 1990 年成立的复旦大学日本研究中心、于 2003 年成立的南开大学日本研究院等。

第三节　公共日语课程建设现状

进入 21 世纪后,全球经济一体化发展趋势明显,中国和日本两国在政治、经济和文化等领域的交流互通越来越紧密。中国国内出现了许多日本企业、日本银行等。随着日资企业的发展和壮大,在相关人才需求方面也发生了非常大的变化,即从之前的单一型日本语言研究专业人才转变为复合应用型人才。承担高级专业人才培育任务的高等院校要积极适应市场需要,探索公共日语课程建设的途径,以实现自身社会价值。

一、公共日语课程师资力量方面

高等教育包括"专门研究型人才的培养"和"综合实践型人才的培养"。就公共日语课程教学来说,学生在毕业后很大一部分会走进日资企业,但是在实际教学活动中,对日本文化、日本经济等方面有着深刻研究和理解的日语教学人员,与日语专业的教师队伍相比较还存在较大差距,这凸显了公共日语课程教育师资力量十分薄弱。

在我国高校 1999 年扩招之后,公共日语在高校课程教学方面遇到了更加严重的问题。1998 年,高校公共日语课程的学生和教师比例为 50∶1。2001 年,这一比例迅速增长到 130∶1。2006 年,日本国际交流基金会在一项调查中,列出了相关教学机构名单,名单显示当年全国总共有 882 所高校开设了公共日语课程,学习日语的本科院校、研究生院校人数达到 40 万之多，与全国总学习人数的比例达到 3:5。在学习日语的大学生中，大多数是学习公共日语或者第二外语的学生。2006 年，在列出的 800 多所开设日语课程的高校中，有 260 多所为日语专业，剩余的 600 多所是公共日语课程或者第二外语课程。[1] 而在设置日语专业的高校，也设有非专业日语教学。很多学生为提升自身的就业竞争能力，基本上会在学校安排的选修课程中任选一门小语种，公共日语课程成为日语在高等院校教育方面的重要部分。因此，开设此课程的院校增多，以及选修学习的学生数量的增加，均导致日语课程教学人员的数量严重不足，无法完全满足学生学习日语的需求。

二、公共日语课程教材建设方面

进入 21 世纪后，各大出版社公共日语课程教材建设开展得如火如荼。2001 年，外语教学与研究出版社出版了《新世纪日本语教程》（二外、自学用）。这套教材从零基础出发，专门为第二外语为日语的学习者编制。2002 年，高等教育出版社出版了李姐莉主编的《日本语初级综合教程》，这本书也是从零基础出发，提供给第二外语为日语的学生学习。紧接着，高等教育出版社和外语教学与研究出版社先后出版了陈俊森主编的《新大学日语》（共四册）和郑玉和、水谷信子主编的《新世纪大学日语》（共四册）。这两套教材主要为高校日语专业学生编写，着重体现日语课程中的语言功能，在选择日语相关题材时体现了时代精神与内涵，插图注重贴合学生实际、与学生心理发展规律和认知规律相一致等，这些是多数日语教材在编写时遵循的原则，同时也是大部分公共日语课程在教学中注重的地方。

2005 年颁布课程教学要求之后，全国各大出版社开始着手为第二外语为日语的学生编写教材，教材主要针对日语零基础的学生。2007 年，高等教育出版社出版了由陈俊森、郑玉和主编的《新大学日语标准教程》，此套教材包含基础篇和提高篇共两册；2007 年，高等教育出版社出版了由王诗荣、林璋主编的《新

[1] 伏泉 . 新中国日语高等教育历史研究［D］. 上海：上海外国语大学，2013.

大学日语简明教程》；2006 年和 2008 年，北京大学出版社分别出版了由赵华敏主编的《初级日语》（共两册）和《中级日语》（共两册）；2006 年和 2008 年，高等教育出版社分别出版了由张威主编的《现代实用日语》的基础篇和提高篇两册；等等。其中，由陈俊森和郑玉和主编的《新大学日语标准教程》被推荐为普通高等教育"十一五"国家级规划教材，学生考试需按照新的大学日语四级考试要求进行，该书为零起点的学生系统性学习公共日语和第二外语——日语提供了重要支撑，在高校公共日语教学中发挥了巨大价值与作用。

2008 年，高等学校大学外语教学指导委员会对全国的日语教学进行了调查，其中包括各大高校、中学，以及教育机构。调查发现，在国内中学中，开设日语课程的学校曾经主要集中在我国东北三省和内蒙古，但近年来这些地区开设日语课程的现象呈下降趋势，参加大学日语四级考试的大学生人数也呈逐年下降的趋势，在部分高校，日语作为第二外语的教育教学程度逐步深化。现存的日语作为第一外语和第二外语进行分开教学的模式限制了日语在高校的发展，高校日语四级考试在我国实施以来，一级到三级和五级到六级的日语专业考试都没有设立，无法满足日语专业水平多层次化的学习者的需求。[1] 所以在当时，教育部颁发了《大学日语课程教学要求》，对高校日语第一外语和第二外语教学进行了整合，教育部对日语一外和二外教学不再分别制定课程要求，而是将两者放在同一平台，分层次指导，对教学实施统一安排，更加重视学生在日语方面的情景交际能力、自主学习能力和日语综合素质的提升。依据日语教学课程要求，对于原本设定的面向日语第一外语高起点大学生水平的日语四级考试进行了调整。2009 年，教育部对日语四级考试进行了改革，将其分为四级和六级两个层次，面向不同学习水平的学生。学习日语课时为 240 学时（按大学 4 学期，每学期 15 周，每周 4 节课计算）的学生应该达到日语四级水平，学习日语课时为 360 学时的学生应该达到日语五级水平，学习日语课时为 480 学时的学生应具备日语六级水平，并且日语专业级别考试更加注重对学生语言综合运用能力的考查，这也凸显出对高校

---

[1] 伏泉. 新中国日语高等教育历史研究 [D]. 上海：上海外国语大学，2013.

日语教学方向的引导。[1]

三、公共日语课程教学方面

21世纪初，在公共日语课程教学上也陆续出现了一些问题，具体表现在学生学习、教师教学和日语语言环境等方面。与此同时，各大高校也在积极做出相应改革，推进公共日语课程教学的优化和发展。

一是学生学习方面。学生对日语课程的重视程度非常低。从学习动机来看，大部分学生选择学习日语没有明确的目的。在大学公共日语课程学习中，大部分学生在初中、高中阶段以英语为第一外语，只有少部分学生在初中、高中阶段将日语作为第一外语。对于初中、高中阶段没有学习过日语的学生来说，大学阶段学习日语没有一点基础。日语中存在较多汉字，与其他国家的学生相比，中国人学习日语具有很大优势，但是同时也会产生负面影响。因为很多与汉字相像的词，其含义却与汉语完全不同。根据语言结构特征来分，日语属于黏着语，而汉语属于孤立语，英语属于屈折语，所以对学生来说日语具有一种新的语言结构，学习起来需要一定时间并投入较大精力。

学生存在基础薄弱的现象。进入21世纪，高校公共日语课程还处于探索阶段，大部分选修公共日语的学生在日语方面基本是零基础，普遍存在学习困难、进步缓慢和日语水平较低的现象。比较明显的两个问题是词汇量少和语言能力不全面。非专业日语学生在日语学习过程中，对日语词汇的掌握程度通常仅停留在认识层面，对于平时不常使用的词，在情景对话中不能运用自如，导致经常出现错误的语句。在语言能力方面，大多数学生会做题但不会使用，能读出课文但不会表达，一些基础较好的学生也只是停留在依赖课本的阶段，一旦离开课本，就无法顺利地组织好一篇完整的对话或者文章。

大部分学生存在应试误区。高校非日语专业学生在选修公共日语课程时，存在为了学分，或者是为了自己在毕业后寻找工作的过程中加分的现象。他们希望通过学习日语得到相应的日语等级证书来增加自己的求职竞争力。所以，这些学生在学习日语的过程中存在较强的应试意识，而忽视了自己综合语言应用能力的

---

[1] 伏泉. 新中国日语高等教育历史研究 [D]. 上海：上海外国语大学，2013.

提升。由于在日语等级考试中，与听力部分相比，词汇和语法部分更容易得分，所以在没有语言氛围的背景下，仅通过课堂练习是无法在短期内提高听力水平的，同时由于日语考试合格标准只是达到总分的 60% 或 70%，所以为考取能力证书，大部分学生选择避重就轻，在词汇和语法方面下功夫，通过强化训练来提升成绩。通常来说，这样可以使学生在考试中多得分、少失分，以弥补听力方面的不足。但是，这在无形中导致学生只是一味机械地学习课本知识，而忽略了听说能力的提高，即使通过了日语等级考试，在未来的日语应用中也会暴露其不足。

二是教师教学方面。当前，我国高校公共日语教师大部分是中国人。这些教师虽然本身以日语为专业接受过系统教育，但日语毕竟不是其母语，在日语习惯、日语口语、日语思维等方面仍然存在不足。由于这些教师的专业能力有待提升，因此教学效果不佳，此外，高校为大学公共日语教师提供的培训机会也比较少。公共日语课程为大学生的入门课，教师对日语发音和初级阶段语法等教学内容比较重视，所以教学内容多为基础知识，这也容易使教师在长期教学中对工作产生倦怠。

由于平时学校行政方面等有较多的工作，很多专业教师在教学方法的研究上精力不足。当前高校公共日语教学中存在教学模式单一、缺乏师生互动的现象。在大学公共日语教学过程中，更强调对语言知识理论的学习，忽视对学生进行必要的日语综合知识和语言素养的提升。特别是以单词、语法、课文、练习为主的单一化的教学模式，通常会使学生感到十分枯燥、无趣，致使学习效果不理想。学生在日语方面基础不足，进一步影响了其在日语课堂中的参与性，导致学生学习积极性不高，在日语学习中只是被动地接受相关知识。同时，日语课是一门公共课，多种专业的学生聚在一起上课，人数较多，很多对话型的语言活动无法在课堂进行，只能采取简单的小组对话形式，这对学生的参与意识造成很大影响，很难激发学生对日语课程学习的兴趣。师生互动的缺乏对教学过程的效果造成直接影响，进而导致学生在公共日语课程方面的学习效果不够理想。

三是缺少日语语言环境。一个民族的语言属于一个民族的文化。非日语专业的学生在相应的日语和汉语语言文化差异知识掌握上存在不足，同时缺乏日语语言交流环境，使这部分学生存在一定的文化障碍。首先，中国和日本的风俗习惯和思维方式存在不同。由于地域文化和民族文化等背景和环境的不同，两国人民在面对同一件事情时，所做出的反应和语言表达不尽相同。自己民族的风俗习惯并不能随意使用在其他民族，否则可能引发很大的误会，造成不愉快的后果。其次，学生缺乏相关的文化背景知识。非日语专业学生的日语课程时间相比日语专业学生的日语课程时间是十分少的，所以在有限的日语课上，学生无法掌握足够的文化背景知识，学生在学习中只注重掌握语言技巧，对世界性热门话题的背景知识缺乏了解，这就导致会话组织的枯燥无味。最后，在当前的社会背景和高校建设情况下，良好的语言训练环境十分缺乏，大部分高校学生听和说的能力较弱，这对日语作为一门语言的应用性产生很大影响。

为此，高校对日语专业进行了一定的尝试和探索，具体如下：一是完善日语学科体系建设。对日语教学指导思想和教学目标进行优化，结合时代发展形势，对当前教学模式和教学方法进行不断改革，将理论深层次融入教学实践过程中，并促进教学和科研的紧密联系。对于学科设计，以学科基础内容为核心，不断巩固学生的专业基础，让学生获得日语学习方法。同时，针对日语学习需求更加普遍的情况，高校也尝试适度增加日语专业选修课和公共课程。其中，专业课主要培养学生的兴趣，重点讲授日本社会文化；公共课主要让学生形成完善的日语知识体系，重点提升学生的综合素质。学生可以根据自身实际情况选择合适的内容进行修习。此外，高校和专业教师也在专业特色上进行深入分析，明确日语专业的教学目标，以日语专业特征去构建更加科学合理的学科体系，促进教学发展。

二是提升教师的综合素质。高校通过定期举办讲座、培训等活动，来提升教师的综合素质。教师可在日语教学中尝试向学生传递日语思维，在课堂上营造良好的日语学习气氛，吸引学生充分融入。在平时的教学中，教师要尽可能地用日语进行授课，强化学生的日语思维。同时，教师还要不断强化自身学习，提升自身专业素养，并积极关注社会热点，学习新知识，提升教学能力。

三是科学选用教材。在日语教学中，要从实用方面出发，对企业在日语专业人才方面的需求进行研究，以此为基础对教材进行合理选择，提升教学效果。教师在选择教材时要考虑到教材内容的合理性、教材包含的文化思想和人文精神等。教师在使用教材教学时也要结合社会现象、时代精神等适度加入热点词汇，提升日语教学效率，体现日语教学的时代内涵，助力学生更好地融入课堂。

四是创建良好的日语学习环境。时间、地点、人物共同构成一定的语言环境。日语教师经过深入探索，在教学中积极深化学生在日本文化方面的认知，通过向学生介绍日本经济、传统文化习俗等方面的知识，强化学生对日语的理解。同时，教师要注重培养学生的日语思维。通过对学生的学习习惯、学习风格进行分析，针对性地备好每一节课，来提升学生的日语语言思维。

五是强化特色日语教学。在日语教学中，可借鉴国外教材的内容。在借鉴其他国家日语教学教材和教学理论的同时，可以对比汉语学习方法，提升教学的实效性，形成具有中国特色的日语教学体系。

第四节 其他日语教育

进入 21 世纪后，我国高等职业院校日语教育、高等专业日语教育、成人日语高等教育等都取得了飞速发展，同时，很多高校的继续教育学院开设了专升本日语专业教育、专业日语教育和自学考试日语教育等。另外，普通高等院校开始开展网络教育，这也扩展了日语高等教育的规模。1999 年 1 月 13 日，国务院批准并转发了教育部提出的《面向 21 世纪教育振兴行动计划》，开始了我国现代化远程教育的教学模式。网络教育通过利用电脑和互联网等多媒体平台，促使教育教学突破时空局限，学生不需要与教师面对面就能随时随地地接受教师的专业知识讲授。1998 年，教育部批准清华大学、北京邮电大学、浙江大学和湖南大学作为我国国家现代化远程教育的第一批试点院校。在之后的几年内，教育部批准开展远程教育试点的院校数量逐年增加，规模不断变大，这些院校全部都是我国重点大学或者国家"211 工程"重点建设院校。

高校开设的网络教育学院依据相关人才培养要求和院校教学具体情况进行自

主命题并招生，实行学分制，修业年限分别为高起专 2.5~5 年、高起本 5~7 年、专升本 2.5~5 年，在政策上属于就学容易、毕业较难的一种。[1] 学生通过全部课程考试，达到毕业要求后方可领取相应的高校毕业证书，证书上标注"网络教育"字样。此学历教育在毕业证书进行电子注册之后，国家予以承认。我国网络教育起步于 1998 年，当时全国网络教育学生仅 2000 多人，而到了 2003 年，网络教育学生上升到 230 万人，增长速度很快。在开办网络教育的全国各大院校中，有一部分院校开设了日语专业课程。如复旦大学日语专业开设商务方向的日语课程，北京语言大学也开设有日语专业课程，等等。

除高校开设网络教育学院进行日语教学之外，在大众化教育阶段，普通高校的独立学院的发展也十分快速。1999 年我国高校扩招，高等教育进入普及化阶段，但各高校的扩招能力远远不能满足社会需求。在这样的发展背景下，普通高校开始通过民办机制的形式创立二级学院来扩大招生规模。独立学院的创办和发展对我国高等院校教育的不断发展发挥了较大的推动作用。经统计，1999—2002 年，这 4 年属于我国高校大规模扩招时期，全国高等学校共创立二级学院 300 多所，为高校扩招分担了压力。独立学院一般通过学院办学所在的省市进行招生，通常是以全国高考统一招生计划为基础，通过降低分数的形式实施招生计划，一般是在各省市本科第二批次或者第三批次招生录取。2003 年，教育部发布相关条文对独立二级学院的学校性质、办学定位、招生规模及相关政策进行了明确规定。2013 年，在我国近 500 所具有日语专业教学条件的高校中，有 60 多所是普通高校的独立学院，这些学院依托其主体高校的日语教师和其他相关教学资源，大幅扩充日语高等教育整体规模。[2]

随着时代的不断发展，普通高等教育专科层次和成人高等教育在数量上飞速增长。与"学术型"普通高等教育不同的是，高等职业院校教育、高等专科学校教育和成人教育更加表现出以社会需求为导向的教育教学特征，不断提升日语专业学生的实践能力和职业技能等应用能力，强调理论教学和实践训练同等重要，

[1] 伏泉. 新中国日语高等教育历史研究［D］. 上海：上海外国语大学，2013.

[2] 吕娜. 高校日语专业教学改革与发展研究［J］. 延安职业技术学院学报，2021, 35(6): 42-45, 73.

重视日语专业学生直接上岗工作能力的培养。同时，很多高校根据劳动和社会保障部门制定的相关职业技能考核标准进行考试，对学生进行职业技能考核评价，使学生在毕业时能够同时获得相应的学历证书和职业资格证书。在专业发展上，除去仍然以商务日语专业为主外，很多院校还开设了其他相关日语专业，如旅游日语、法律日语、医学日语和服装日语等方向的日语专业课程。截至 2007 年，我国开设商务日语专业的院校达到 100 多所，招生共计一万多人；开设其他各种应用型日语专业的院校有近 100 所，招生也超过了一万人，我国经济市场对高职日语专业人才呈现需求旺盛的趋势。[1]

随着越来越多的高职高专院校开设日语专业，加入日语学习的学生呈现出大批量增长趋势。面对这一热潮的出现，各大高职高专院校在教学模式和内容等方面不断进行调整和创新，旨在培养学生拥有较高的职业素质和职业技能，成为可以快速适应社会发展的高素质和强竞争力的综合性人才。基于此，高职高专院校可采取以下措施提升综合性日语人才的能力。

第一，明确专业培养目标，注重教学的针对性。对于语言学来说，职业教育应将其应用性放在首位，日语教学同样如此。在教学中，教师应重视提高学生的应用能力，并通过分析高职高专院校学生与重点高校学生在学习能力、学习习惯等方面的不同，制订具有针对性的教学方案。另外，教师要注重对毕业后面向日资企业工作的管理型翻译人才的培养。在要求学生取得专业证书的同时，更加注重学生口语与听力水平的提高。所以在教学中，教师不宜一味地追求对语法的讲解，而应通过各种方式提升学生的学习积极性。如选取一些适合学生的情景话剧，让学生进行角色表演，使其在轻松的氛围下提高口语和听力水平。

第二，注意教学过程中应用学导互动教学法。学导互动教学法就是将学生放在课堂的主体地位，教师仅发挥主导作用，在课堂中融入讨论、探究、情景展示等教学形式，带领学生在特定的教学模式下进行课程问题的探索，最终获得专业知识与能力。在大众化教育阶段，高职高专日语课程教师通过学导互动的教学

[1] 刘黛林.高职高专外语教育发展报告（1978—2008）[M].上海：上海外语教育出版社，2008：278-281.

尝试，不断激发学生学习日语的热情，改变学生以往在语言学习中过多依赖机械学习的不良习惯，激发学生的思维能力，充分发挥学生的自主学习精神和探索能力。

第三，不断丰富日语教学实践。高职高专院校的教师在日语教学过程中，不断探索日语实践型教学资源，促使学生尽可能多地从各种不同途径、通过不同方式接触和学习日语，亲身感受日语的运用。他们除了科学合理地利用日语教材之外，还积极运用其他资源不断优化日语教学实践。在日语教学过程中，通过引入日语歌曲、日语话剧等对教学进行辅助，提升学生学习日语的热情，进而提高日语教学效果。具体来看，高职高专院校的日语教师应根据学生心理发展特点，将日语歌曲、话剧等引入课堂，并以磁带、光盘、电视等为载体向学生展示，将专业知识和学生兴趣进行结合，为学生日语学习提供多种形象化的材料，使其在学习过程中保持浓厚的兴趣，从而更好地学习日语。

第四，更加注重逻辑思维在日语教学中的渗入。说起逻辑思维，人们很容易联想到哲学或者科学。事实上，在学习语言的过程中，逻辑思维和逻辑推理也发挥着十分重要的作用，特别是在语法的学习上。语法是一门语言的骨架，零散的词汇和短语充实在语法骨架中形成完整且符合逻辑的句子与文章。语法的学习更倾向于理论学习，因此在学习过程中，学生会感到枯燥无趣，进而失去学习相应语言的兴趣。所以，在日语学习中，高职高专院校的日语教师应根据学生身心发展特点和学习习惯，积极采取多种措施促使学生高效精准地记住语法知识，加深其对日语语言的理解，防止机械性记忆。对于高职高专一年级的初学者，其在学习日语动词分类时经常感到无从下手。那么，针对各种版本的教材解释不一致的现象，日语教师应从中深入分析、精准取舍，并加以提炼。常见的教学方式有比较法、举例法等，由易到难进行深入解释。此外，教师可以对教材中的词性进行重新排列组合，通过逻辑安排构建系统性的语法思维图式，帮助学生更好地理解日语语法知识。

总体来看，进入21世纪以来，日语高等教育在整体上从原本的规模较小的精英化教育水平转入了规模更大的大众化教育水平，发展速度非常快。同时，在市场经济的不断推动下，日语高等教育实现了跨越式的发展，并以此满足社会对日语专业的需求。其中，新建立的专业日语教学点和公共日语教学点不断增加，原本的日语教学点也不断扩大办学规模。另外，在日语人才培育模式上，高校不断创新，日语专业型人才、双外语型人才等新型培养人才模式逐步出现，课程设置也开始呈现多样化状态，针对怎样理解和评判新形势下的日语高等教育的探索越来越多。随着大众化教育阶段高校招生政策和大学生分配制度的改革，日语专业学生的自我发展方向和职业定位开始出现变化。如在公共日语方面，以科技日语为主的日语专业设置逐步减少，并开始向日语专业教学靠近，探索综合性技能培养的模式。怎样面对这些新改变并把握未来发展形势，成为日语高等教育的主要课题。

第二章　任务型教学法在日语教学中的应用研究

第一节　任务型教学法概述

外语教学不仅是高校教学的重要组成部分，而且是学生学习的重难点。学生要想掌握一门外语，需要花费大量的时间与精力，但是取得的效果却可能不尽如人意。多年来，许多外语教学专家在不停地探索外语学习规律与教学规律，力求找出一套科学合理的教学方法。总体上来说，目前最流行、最常用的教学方法主要有翻译教学法、听说教学法、情景教学法等，而近年来人们逐渐倡导的一种外语教学方法则是任务型教学法。

一、任务型教学法含义

任务型教学法属于一种交际教学法，是基于 Prabhu 于 20 世纪七八十年代进行的交际教学实验而来的，是交际语言教学的一种新发展形态。[1] 任务型教学法通过让学生在课堂上完成任务来展开教学，其源自语言习得研究成果。语言习得的结果表明，在语言任务环境下，学习者的交互沟通非常重要，有助于促进语言的习得，因此要通过设置一些任务让学生进行有意义的交流，可以让学生的语言应用能力得到提升。心理学理论是任务型教学法的基础，包括认知理论及社会互动理论。在认知理论中，语言学习是一个过程，包括接受信息、处理信息及实践等过程。在语言学习中，信息处理是一个关键的步骤，具体包含输入、注意、工作记忆、长期记忆、输出。其中任务是目标语言的载体，属于输入的一部分。社会互动理论认为，互动是语言学习的最佳途径。教师与学生之间的积极互动对语言的学习非常有帮助，尤其在学生遇到的输入不是很明确或者不是很熟悉的情况

---

[1] 徐星玉. 任务型教学法在大学英语课堂上的初步实践 [J]. 考试周刊, 2011(25):120.

下，就非常需要师生互动交流，使双方的信息达成一致。Feez 对任务型教学法进行了如下概括与总结：不要将焦点放在结果上，而要专注在过程中，交际强化与意义表达是基本的要素；活动的安排与进行要有目的性；学习者在活动的进行与任务完成过程中，开口讲话要有一定的目的，彼此之间要相互产生影响。无论是在现实生活还是在课堂教学中，语言活动与任务都是被需要的，同时也是课堂教学的一种特定教学目标。很多因素决定了任务的难度，包括语言学习者的学习经历、完成任务需要的语言、任务的复杂程度等。

任务型教学法非常注重任务在完成过程中学生交际语言能力的提高，学生在这个过程中不是为了学习语言的用法，而是为了学习语言的交际运用，要关注语言的实际意义，而非具体形式；学生不是要获得语法能力，而是要获得真真切切的社交能力；学生参与的活动表现形式可以多种多样。总而言之，在任务型教学法中，外语教学的目标及功能都发生了转变，是一种从关注教法向关注学法的转变，同时教师与学生的地位也发生了改变，学生的学习主体地位与中心地位越来越被关注。

二、任务型教学法中"任务"的含义及类型

任务型教学法力图为学习者提供机会，通过课堂上以意义为焦点的活动，参与开放型的交际任务。学生通过表达、沟通、交涉、解释、询问等各种语言活动形式获取所需信息，来完成任务。到目前为止，学界对任务型教学法中的任务没有形成统一的概念定义，但大多数研究者强调任务应与真实生活相关联，需要通过交际才能完成任务，并且在交际过程中要注重语言意义，不能过于纠结形式的对错。形式的对错并不是不重要，只是在学习者交际中，教师不能一发现形式错误就立即纠正，而是需要在合适的时机和采取适当的方法予以纠正。笔者认为在日语教学中，任务是一项在教室里进行的事件，指的是学生在日语学习中接收、领悟、运用、输出语言的交际活动。任务要求学习者理解、利用、生成目标语言，进行互动，充分运用他们的语法知识，把焦点放在意义的表达上，意图是传达意义而非掌握语言的形式。教学任务也应当具备完整性，能够独立成为一种交际行

为，要有开头、主体和结尾，任务的生成可以让学生在学习语言的同时提升自身的沟通交流能力和问题解决能力。同时，任务的设定要遵循一定的标准，与现实生活相贴近，要有明确的目的与方向，既要有逻辑性，也要有现实意义。

任务型教学法的任务主要有以下几种类型：

第一，拼插型任务。在这种类型的任务中，每个参与交流者都有为了完成某种任务而需要不同部分的信息。为了使任务圆满完成，每个交流者都需要通过交流来提供彼此所需的信息，这是一个信息双向交流的过程。通过这个过程，交流者双方可以共同达成一个想要的结果。如邀请两个学生进行角色扮演，分为甲与乙，甲与乙同时掌握着完成该项任务不同部分的信息，甲与乙约定在 C 点见面，但是甲手里只有 A 点到 B 点的路线图，乙手里只有 B 点到 C 点的路线图，他们必须迅速沟通交流，互相提供与索取自己需要的信息来达到共同的目的，找到从 A 点到 C 点的路径，只有这样，他们才可以完成约定的任务。

第二，信息差型任务。将学生分为两组，在给予一组学生一系列信息的同时，给予另一组学生具有相互补充作用的信息。为了更好地完成任务，两组学生必须进行交流协商，要明晰对方的信息。在学生准备会话时，相互拥有的信息要具有差异性，不能全部相同，这样双方才具有沟通交流的基础。具体而言，既要让双方明确各自的任务与需求，又要使双方之间掌握的信息具有信息差，不能全部都知道。如甲乙两个小组，分别给甲乙两个小组两张地图，甲小组地图上有完整的路线，乙小组的地图上只有起点与终点的大致方位，乙小组为了获得完整的路线图，就需要向甲小组的同学请教，乙小组在获得具体的路线以后清晰地标注在自己的地图上，然后让甲小组检验查看对错。这样通过角色扮演，双方就可以更好地掌握语言的沟通方式。为了获得更加全面的体验与锻炼，双方可以互换角色，这样就可以更好地调动学生的学习兴趣与积极性。

第三，问题解决型任务。教师可以给学生设置一些问题，以及一些相关的提示性信息，让学生找到解决问题的办法与方案。教师可以将 4~6 人分为一个小组，邀请一名学生向其他同学分享自己在生活与学习中遇到的问题，如今天早上遇到的烦心事，由其他成员发表意见，直到找到解决问题的答案，然后各个小组将本小组的答案进行整理、汇编与归纳，推选一名同学阐述本小组的解决方案。

三、任务型教学法的构成因素

一般认为任务型教学法由以下几个方面构成。

其一，教学目标。任务型教学法的主要教学目标是培养学生的语言交际能力。教学目标主要包括语言交际能力、学会学习的能力、语言文化意识、社会文化能力。

其二，输入。输入指的是"设计任务的资料"，交际任务的主要特点是使用真实的输入。输入有多种多样的形式，主要包括报刊、日记、信函及天气预报等。

其三，活动。活动指的是语言学习者在获得了一定量的输入以后，需要实际完成的事情。研究学者发现，在课堂上能够调动学生学习积极性与兴趣的课堂活动与组织模式就是小组进行的双向信息沟通，这更有助于促进语言的学习。每个参与者只有对其拥有的信息进行分享与交流，才可以使任务更好地完成。

其四，师生角色。在教学过程中，教师与学生的角色是一种互补的关系，应充分尊重学生的学习主体地位，让学生具备较强的独立性、自主性、创造性等。教师应充当观察者、参与者及辅助者的角色。

其五，环境。环境指的是课堂教学的组织形式，主要包括任务完成方式与时间分配，还包括课堂上的教学与课后的活动等。任务型教学法一般采用的是两人或者两个小组活动的形式。

四、任务型教学法在日语教学中的实施步骤

根据任务型教学法的相关理念，日语教学目标应重点培养学生对语言的运用能力，在这个过程中要始终尊重并落实学生的主体地位，要充分发挥教师的指导作用，而且要以任务型教学为主要途径，形成比较科学合理的日语任务型教学法的课堂教学实践。可以通过以下具体实施步骤加以说明：教师可以精选日语教材中关于邀请与回复的对话内容的文章，根据文章内容设定教学目标，让学生对课文的内容进行整体把握，进而在此基础上根据原文的情节内容实施对话交际任务，通过角色扮演让学生完成"邀请"任务，这样可以锻炼学生使用流畅的日语邀请

他人，同时在收到邀请时又能恰当地、礼貌且自信地进行应对的语言能力。以拼插型任务进行教学设计为例，在课程学习过程中，可以取消学生的单词、课文、语法及句型的学习时间，重点让学生提前预习与准备对话内容，具体的教学步骤如下。

第一，进行内容导入。由教师向学生发起提问，询问学生是否有过邀请他人及被他人邀请的经历与感受，是否邀请过同学或者教师参加过任何形式的活动，在对教师进行邀请的过程中，是否有其他特别需要注意的事项，可以与邻座的同学进行交流探讨。

第二，任务的前期阶段。教师需要告知学生本节课的课堂任务，让学生用日语邀请自己的教师参加外语文化节活动。该阶段的教学目标是让学生通过角色扮演的形式，培养其邀请他人及被他人邀请时的谈话能力。让学生根据自己的就近座位进行 2 人组合，分别扮演教师与学生。

第三，任务的实施阶段。该阶段可以事先准备好自制的角色扮演卡片，让学生根据自己的实际情况挑选卡片，并且根据卡片的角色扮演要求进行实际角色扮演的操练。在实践过程中，教师扮演观察者与巡视者的角色，不对学生的对话进行干扰，而要对学生的参与度与信息沟通的有效性进行监督与关注，教师可以对一些语言上的错误持容许态度，主要目的是完成任务。要积极地鼓励学生最大限度地用日语进行交流与表述，并在恰当的时机为学生提供一些词汇与语法上的帮助。此时，学生的任务虽然有课文内容可以参考，但是任务内容却有了一些改变，由学生之间的对话变为学生与教师之间的对话。同时，双方之间的交谈语气也要发生相应的改变，应增加敬称的语气与词汇，这也使任务的要求明显高出课本上的内容。在这种情况下，应鼓励学生进行思考，加强学生之间的互动与交流。在任务型教学法下，学生需要完成的任务与过往的练习有所不同，要想完成任务不能仅用简单重复的语言，而要充分发挥聪明才智，运用所学进行沟通与协作，使语言的交际意义得到充分展现。

第四，报告。让各个小组进行会话任务，在小组学生发言的过程中，教师不进行干涉与纠正，不打断学生的会话。

第五，语言焦点。首先，让学生对会话中用到的句型进行小结，之后由教师进行提炼与总结并且在黑板上展示；其次，教师对事先准备好的会话范文进行分发，同时进行录音播放，让学生一边听录音，一边对范文进行补充，并让学生关注其中的语法、句型及一些功能，这个步骤可以让学生关注语言的焦点；最后，完成语言的分析活动后，由教师进行一些相关的练习设计或者练习活动，让学生充分地对自己在任务活动中关注的词汇、句型进行练习与巩固。可以采取多种形式的练习活动，以便学生对相关语言进行记忆。学生可以进行自我推荐，主动站到讲台上与教师配合，一起完成"邀请"的任务。有了前面的积累及巩固，同时学生也对对话的情景策略有了一定的把握，就可以有效地消除学生的紧张与害羞情绪。在这个阶段，学生总体上会有明显的进步与改变，会变得更加主动与积极，会主动请求公开展示。

第六，评价。由学生小组之间相互交流并评选出表现最为优秀的学生，主要是让学生对刚刚完成的对话练习任务进行相互评价。在评价过程中，学生往往容易过度关注语法与词汇，此时教师要在旁边积极引导，让学生多关注语言的交际性、流畅性等方面。

第二节　任务型教学法在日语教学中的实验研究

一、实验设计

1.任务目标

在设计任务的时候，必须设定明确的任务目标。从总体上来看，要综合考量两个方面的任务目标：其一，教育任务的目标（该课程设定的目标）；其二，在真实世界的任务目标。

根据相关日语教材教学大纲要求，学生第一学年需要掌握下列语法内容：①掌握各类词汇的概念和具体的主要用法；②掌握基本的句型、句子成分及种类等；③掌握语言体系及语序等。学生第二学年需要掌握以下语法方面的知识与内容：①掌握时、体、态；②掌握复句的种类及相关结构；③掌握敬语的相关表达方式。大纲规定的是总体上的目标，而在具体的教学实施步骤与过程中，教师还要根据实际情况，具体问题具体分析，不能一概而论，而要制定详细的、更加贴合实际情况的任务目标，还要着重考虑目标与任务的结合方式。在该实验中，每节课都会设定一个具体的任务目标，同时也会在任务的设计中进行标注。

2.实验假设

本章设定的研究假设为："在日语专业教学中，相比传统教学法，采用任务型教学法可以取得更优的教学效果，可以有效地提高学生的日语运用能力与表达能力，可以更好地做到学以致用。"要验证假设的正确性，就需要对这两种教学方式进行实验对比，通过比较来探讨日语教学中任务型教学法的有效性。

3.实验内容

在该实验中，教材的选用要以普通的初学者为对象，场景的设置要贴合日常的生活，内容要简单易懂、朴素翔实，语法教学项目也要做到由简到繁、由浅入深的合理安排，这些与任务型大纲所涉及的难易程度非常贴合，从而可以让学生在短时间内掌握一些基本的听说能力。

检验运用任务型教学法在大学日语教学中的效果是本次实验的主要目的。学生在从零起点出发进行一门新语言学习的过程中，采用一种与传统教学方式完全不同的、学生非常陌生的教学新模式，这的确需要一个适应的过程。所以，学生的学习是一个循序渐进的过程，教学内容的设置也应遵循这个规律，每节课要设置相关细节性的任务，经过一段时间的适应之后，就可以在实验班级完全采用任务型教学法进行教学，而对比的班级仍然采用传统的日语教学方法，这样在完成教学任务之后，就可以对这两种模式的教学效果进行比较。

4.实验中任务的设计原则

任务型教学法研究学者提出了系列设计原则，对于各种语言教学来说，这些原则并不完全适用，需要根据不同的情况做出相应的调整。在任务型教学中，教学活动与任务的设计原则并非一成不变的，教育者可以凭借自身的教学经验、教学习惯及相应的教学环境等实际情况综合整理并设计适用于自身的原则与步骤。

笔者主要采取以下设计原则。

（1）真实性原则。真实性指的是在人们日常的真实交际场景中语言的实际使用情况，也就是说任务的设计要尽量模仿与还原现实中的实际场景，尽可能地接近现实。在任务设计中，要注重任务与学生的实际生活相贴近、相结合，要从真实的生活中提取与挖掘语法材料。该原则的采用可以有效地激发学生的学习兴趣与积极性。在任务完成以后，直接在日常实际生活中对日语进行简单的应用，具有非常好的实用性，可以刺激学生更好、更快地掌握与应用语法项目。设计者在设计任务时一切环节一切语法的设计都需要与自己的经历相关，需要用日语语法对自己的真实状况进行反馈与表达。

（2）趣味性原则。与汉语语法不同，日语有着独特的语言运用方式，对于中国学生来说，在汉字运用上具备一定的优势，但是汉语与日语在语法层面是截然不同的。日语总体上属于一种黏着语，想要完成一篇完整的文章需要各种助词的辅助。让中国学生最为头疼的部分就是助词的使用方法，一些特殊的助词甚至存在十几种不同的用法。在任务型教学法模式下，设计者可以设置一些有趣的任务，如一些游戏性任务等，这样可以使学生的学习热情得到有效激发，大大提高学生的兴趣和参与度，并使学生在此过程中增强自信心，通过任务的完成体验成功的喜悦，进而可以使学生更好地掌握日语的应用。

（3）小组合作原则。一些学者认为，学习是无法教会的。知识的形成与掌握是在与他人沟通交往的环境中发生的，需要由学习者自己进行构建，是一种社会互动产生的结果。通过任务，学生之间、小组之间有了很多交流与合作的机会，设计者可以在每次设计的时候都加入小组合作形式的任务，而且在每次任务中对不同的学生成员进行新的组合。通过小组合作的形式，为学生提供更多沟通交流的机会，促进学生交际能力的提升。除此以外，还可以让学生了解与自己不一样的表达方式，这样既可以有效突破思维的局限性，也可以发现、弥补自身的不足，促使日语学习效率的提升，实现教师与学生之间的双赢。

（4）在做中学原则。任务型教学法强调让学生在做的过程中进行学习，引导学生在完成任务的具体过程中学习语言，同时又让学生用语言完成任务，通过这样的过程使学生获取知识并且积累学习经验。教师应将大部分课堂时间交给学生进行语言的实际使用。在语言学习中的一个关键问题是：学生需要通过自身的实际经历来掌握对语言的学习，同时也需要在不同的情景中对学到的语言进行应用，这样既可以使学生的语言运用能力得到锻炼，又可以培养学生的自主学习能力及发现问题与解决问题的能力。

（5）结合教材原则。设计者在设计教学活动时，要紧紧结合教材上的内容，不管是学习操练新的语言内容，还是对以往的语言点进行复习。一个任务活动的设计，应以教材某部分的内容为主要依据，因此任务的设计需要结合教材内容，教学的次序也要对照教材，要遵循一课时一任务的原则，这样就可以使学生有效把握重点和难点，从而更好地掌握日语。

二、实验过程

1. 实验过程

此处采用 Willis 的任务型教学模式，其任务模式包括前任务、任务环与语言焦点三个阶段，该教学模式被公认为最科学与最全面的教学模式。在前任务阶段，由教师进行任务主题的导入，引导学生回忆与任务主题相关的词汇与短语，进而对学生下达任务的指令。任务环由三个部分构成，包括任务、计划、报告三个阶段，语言焦点包含语言分析与练习活动两个部分。

（1）前任务，由教师导入任务主题，进行任务与话题的介绍。该阶段主要帮助学生学习任务主题的相关词汇与短语，同时也要帮助其理解任务的指令。学生需要对当节课所用到的词汇与短语进行理解与记忆，对相应的语法知识进行预习。学生对教材进行充分的利用，同时还可以去图书馆及通过网络等渠道查阅相关语法资料。

（2）任务环，主要包括任务、计划与报告。该阶段，教师主要向学生讲解日语语法使用的相关知识。该阶段的主体是学生，学生按分好的小组进行讨论，表达自己的意见。在具体任务执行过程中，教师要充当监督者、旁观者、调控者与听众的角色，学生只需要发表自己小组的观点，无须担心语法错误。由学生对语法进行分析，并且对语法相关内容进行总结，如何完成任务是学生关注的目标。在计划阶段，学生执行书面或者口头的任务汇报。在报告阶段，每个小组委派一名代表进行本小组情况的汇报。任务的设计是否合理、任务是否能够很好地调动学生参与的积极性是决定任务能否顺利完成的关键。该实验的设计任务包括以下几种活动形式。

表演任务。要求每个小组设计一个表演节目，并且安排一名学生在旁边进行解释。这样可以使学生直观地理解语法。

会话任务。在实验教学中，该任务是应用最多的一种形式。在这个过程中，要对本课学习到的语法知识进行应用，以每组两名学生进行对话的形式开展，会话内容要与自己的实际经历相关联。

作文任务。该任务要求学生对课本内容进行模仿，并对课本内容涉及的语法进行应用，如给自己的老师或者同学写一封感谢信，字数不限。

图片任务。根据本节课所讲内容由学生自行准备图片，可以从网络上下载并打印。如在进行量词教学时，可以让学生准备相关图片，图片上有一定数量的物体，如小汽车、气球、小鸟等，数量为1~10个，由每个学生拿着自己准备的图片上讲台进行展示，让下面的同学进行量词的抢答，同时对此做出相关解释，如马的量词为"匹"，小汽车的量词为"辆"，等等。

做游戏任务。可以进行由教师引导学生根据歌词做出相应的动作等游戏。

模仿任务。让学生对教材内容中的角色进行模仿，或者模仿教师进行语法内容的讲解，想象自己作为老师应如何更好地对该任务进行讲解，最后要求每名学生提交一篇自己的教案。

比赛任务。将学生准备的图片收集起来，反面向上层层叠放在桌子上，邀请一名学生上台随机抽取一张图片，并且根据图片的内容进行相关动作及声音的模仿，让其他学生猜测。教师可以将学生分为三个小组，三个小组之间进行比赛，获胜的小组可以要求其他小组表演节目作为惩罚。

（3）语言焦点，包括分析及操作两个步骤。分析指的是在学生汇报完毕后，由教师再次进行修正。认真分析任务执行过程中存在的语法错误，任务型教学法有一个明显的特点，就是教师在任务完成以后才进行语法知识的讲解，将讲解放在最后一个环节。与此同时，学生将自己的疑问提出来，将自己所理解的语法与教师所讲解的知识进行对比学习，从而使学生的知识体系得到重新构建。在任务型教学法中，练习是必不可少的，我们对于机械式的反复练习并不反对，因此任务的最后一项就是操作，课堂时间允许的话可以在课堂时间完成，也可以在课后完成，这样可以巩固当天学习的内容。当然，学生讲课依然是课堂任务的基本形式。

任务型教学法实施后，设计者可以安排一些问卷调查与口语及笔试测试，笔试可以设置选择题、填空题、语句扩充题、作文等，这些是传统的语法测试题型，可以充分保证测试内容的有效性，作文的测试可以为任务型教学法效果提供可靠的参考依据。在笔试测试完成以后，可按照笔试成绩，从两个使用不同教学方法的班级中选出几位水平相当的学生进行口语能力测试。

三、分析实验结果

为了客观地分析任务型教学法的实施情况，笔者进行了大量的国内外文献的查阅，并在此基础上进行了任务型教学法的问卷调查。指导教师对问卷内容进行审核。问卷调查的对象为采用任务型教学法的甲班级，问卷回收率达70%，因此笔者将此次问卷调查结论作为研究数据使用。在对问卷进行分析整理以后，得出以下结论。

（1）大多数学生是比较喜欢日语的。

（2）在学习日语的大多数学生中，目的基本是找到一份好工作，很少是为了出国。

（3）在课余时间学习日语2小时以上的学生是很多的。

（4）相比传统的教学方法，学生对于任务型教学法授课方式的接受能力还是比较不错的。

（5）相比传统教学法，大多数学生对于任务型教学法的认可程度是比较低的，认为该教学模式虽然有一定的效果，但认为效果不太明显，相比传统教学法的学生认可率还是比较低的。

（6）学生在执行任务时虽然面临一定程度上的困难，但是一般会坚持。

（7）大多数学生对自己小组完成的任务满意程度是比较高的。

（8）大多数学生认为相比其他小组，自己小组成员在合作方面是比较出色的。

（9）大多数学生认为在小组合作中，自己发挥的作用与小组其他成员是差不多的。

（10）大多数学生认为在完成任务的过程中会遇到难度不一的问题，首先是"寻找材料"，其次是"上台演讲发言"，最后是"对日语的应用"及"对同学提问的应对"。

（11）在任务设计过程中，小组活动设计的关键点是提问，然后才是讨论。

（12）大多数学生完成全部任务的过程基本用时 2 小时以上。

（13）通过完成任务，大多数学生的自主学习能力、解决问题能力得到了极大的锻炼与提高，甚至还有学生补充说明自己在勇气与坚持方面也得到了很大的提升。

（14）对于任务型教学方式是否比传统教学方式学到的东西或者收获更大的问题回答上，7 成以上的学生选择了否定，2 成学生选择了肯定，剩下的学生认为效果都一样。

（15）代表小组上台发言的学生多数希望台下的同学可以与自己进行积极的互动，很少一部分学生认为自己对同学或者教师的提问感到害怕。

（16）在完成任务的过程中，希望教师提供哪些方面的帮助，总体上可以归纳为以下几点：①帮助纠正错误与深入了解知识；②帮助引导方向；③当遇到困难时教师可以提供必要帮助；④对语法知识进行补充与拓展；⑤在主题的选择与策划方面提供帮助。

（17）任务中所需材料的选择首先来自课本，其次才是网络。

（18）大多数学生对日语查询网站一无所知，只有少部分学生知道，在知道的学生中大多数人知道的也只是沪江日语网站。

（19）在本学期大多数学生没有缺课。

（20）对于任务型教学的授课模式，学生提出了以下几点意见：①有一些语法知识即使通过预习也很难弄明白，难以达到课堂教师讲授的程度；②学生对知识的理解不到位，也很难透彻地理解，希望教师可以系统地进行归纳总结与整理；③这种教学方式是比较新颖有趣的，可以从该种教学法中学习到很多东西，可以定期开展；④有助于自主学习能力的提高，应不断地完善该模式；⑤一些简单的内容可以由学生独立完成，一些比较难的可以由教师多给予一些帮助；⑥不是特别接受该种学习模式，建议取消比较好，自己多复习效果可能会更好。

四、任务型教学法的优点分析

1.有助于激发学生的学习兴趣

学生要想学好一门课程、一门语言，必须具有一定的兴趣。兴趣是人们探索某种事物和从事某种活动的态度与倾向，是一种积极的情感体验。学生在课堂上一旦具备这种情感，那么就可以使学习活动立刻变成一种自主的行为，成为一种不需要他人监督的自觉行为。从心理学上分析，教学效果的好坏与学生的学习兴趣有着非常密切的关系。学生有了兴趣，才可以激发内在动力，才会主动地学习，而且使这种学习劲头得到长期的维持。语言学习的成功有几个关键性的情感因素，包括兴趣爱好、情感态度及动机等。情感过滤对学生注意力与学习效果的影响取决于学生本人的心理素质或者心境。如果学生本人的心理素质不是特别好，经常处于一种紧张焦虑的状态，那么学生的动因就不强，学习效果就不会很好；如果学生的心理素质比较好，经常处于一种放松愉悦的状态，那么学习效果就会比较强。教师要为学生创造一种轻松愉悦的学习氛围，应给予学生充分的学习自由，让学生学会自主学习，并重点关注学生自主学习的效果，让学生具备自主判断、分析的能力。教师要始终围绕学生的实际学习需求来调整教学行为，减少师生之间的隔阂，培养学生积极向上的学习态度。因此，教师不仅要关注学生认知方面的问题，还要重视学生的情感态度。

在传统的日语教学中，可以将教师比作总导演，将课本作为已经编好的剧本，学生只是被动地接受导演的指挥，剧情都是严格按照剧本设计好的：第一步听录音，第二步教师讲解单词，第三步学生做口头练习，等等。这样的教学模式使学生原有的认知难以被开发，教师难以关注到学生的爱好与实际需求。在传统日语教学过程中，教师经常忽略教学所蕴含的情感特征，忽视了人在情感方面健康发展的需要，使学生对日语的学习产生消极的情感，失去了用日语进行交流的意愿，这种消极的体验让学生逐渐失去对日语学习的兴趣。

任务型教学法则可以充分地调动学生的情感、智力、动机及已经具备的思维潜能等，在语言的习得中逐渐培养与加强沟通交流、认识问题、解决问题及完成任务的能力。在任务型教学法下，往往在教学的刚开始阶段就向学生呈现任务，从而让任务驱动学生用语言来做事情。这样的方式可以大大提高学生对日语的学习兴趣，使学生积极主动地参与，从而改变其被动学习的方式。教师需要合理设计任务，可以利用最新的语言材料、一些富有趣味性的题材对生活中的实际情境进行真实反映。这样可以更好地激发学生情感，充分调动学生的学习积极性，为学生营造更加活跃的课堂氛围，促进学生更深入地掌握新的知识。新的教学方式使学生摆脱了以往机械化、程序化并且枯燥乏味的学习，使学习变得更加轻松愉快，从而更好地培养学生对日语学习及用日语进行沟通与表达的信心与兴趣。这样的学习过程可以让学生逐渐形成积极的情感体验，与此同时，这样的情感既可以提高学习效果，也可以使学生获得学习上的成就。学生对成功的体验可以使其学习过程充满动力，不断提高学习效率，进而获得更大的成功，形成一种良性循环。

从教学观点上来看，参与任务是一种理想状态。在参与任务的时候，我们如果没有其他可供选择的任务，那么就会有非常强烈的想完成任务的感觉。在这个过程中，学生要想证明自己的能力就必须付出一定的努力，这也使任务具有一定的挑战性。与此同时，学生对成功的期望也极大地激发了参与的热情，在完成任务之后也会获得日语学习的成就感，可以让学生充分地认识自身的潜力，进一步增强学习的信心。

任务型教学法具体学习目标的设定应以学生为中心，这可以让学生增强学习兴趣与动力，进而营造良好的学习环境。任务可以很好地调动学生的内部动机，有效驱动学生进行学习，学生在任务完成后可以体验到极大的自我满足感与成就感。学生在使用日语完成任务的过程中，为了使任务更好地完成，学生会尽自己最大的努力调动一切有效的资源以使某个交际问题得到更好的解决。做任务的过程会极大地促使学生自然地进行有意义的语言应用。另外，使用日语完成任务后，学生会深刻地体会到成功的喜悦，进一步增强对日语学习的信心，形成一种良性循环。

2. 有利于锻炼学生的合作精神

在应用任务型教学法开展日语教学活动的过程中，经常采用的是小组合作学习的方式，小组成员可为两人或者多人，这个过程中会存在很多的人际交往、自主思考、自主决策及应变的机会，有利于学生情感与性格的培养，使学生的交际能力得到发展与提升。合作学习是一种富有创造性与时效性的教学理论，同时也是一种教学策略，兴起于20世纪七八十年代的美国。教学目标是合作学习的指导，小组学习是基本的学习方式。小组成员共同承担任务，并且各个成员都有相应的责任，小组成员之间通过相互讨论、相互交流、相互配合、相互支持，最终完成任务。学习合作小组之间有共同的学习目标，彼此之间相互依赖、相互促进。当代社会是非常注重合作的，在学习上更应注重合作，通过合作可以解决平时个人难以解决的问题，在这个过程中，学生还可以学会倾听他人的意见，这有助于自身修养的提升。

随着社会的发展，对日语人才的要求越来越高，且对日语人才的语言能力提出了更高的要求，要求其具备相应的团队合作精神。我们作为社会的一分子，每个人都应具备良好的沟通、与他人协作的能力，这样才可以更好地工作与生存。因此，必须大力培养学生的团队合作精神与能力。如在进行任务设计的时候，教师可以将学生分为若干个小组，每个小组分配4~6人，要将平时学习水平不同的学生进行合理搭配，让学生自行进行任务的划分与确定，最后将任务的完成情况以小组报告的形式提交给教师，同时在每个小组之间进行互评，适当地引入竞争，以此促进学生的热情和积极性的提高。将不同水平的学生进行组合，可以使学生之间取长补短，有效地提升学习效率。这样可以使一些基础比较好的学生除了完成原有的任务以外，还可以拥有更大的发挥空间，更深入地进行学习。与此同时，也可以帮助一些基础较差的学生提升他们学习的积极性。在任务的完成过程中，每个学生都可以根据自身的特长与兴趣爱好积极地与其他小组及成员相互配合。这些有助于学生之间的相互配合、相互带动、相互影响、相互提升，既有利于资源的充分利用，又有利于合作精神的培养，还有利于培养学生的探究能力。竞争与合作是辩证统一的，合作可以完成单个力量无法完成的复杂任务，同时竞争的存在可以使任务完成得更加完美。小组与小组之间存在竞争，同样小组内部成员之间也存在一定的竞争，通过小组之间的竞争，可以有效地促进小组内部之间的良好合作。小组合作的形式是任务型教学模式主要采用的形式，大部分的任务需要通过小组合作来完成，不仅课堂上可以采用小组合作的形式，课后也可以进行延伸。在任务的完成过程中，各个小组之间的成员相互交流，相互交换自己的意见与看法，博采众长，集思广益，使学生的思维得到启发与延伸，这样就可以形成一种相互合作、相互依赖的学习环境，学生之间取长补短，实现共同进步与提升。

3.有利于培养学生的探究能力

探究，顾名思义，就是探索与研究。其中，探索就是从各个方面寻找答案，找到问题的解决方案；研究就是对事物的本质进行探求，以期获得根本性质及发展规律，既可以采取相互之间的商讨以便集思广益，又可以通过浏览相关图书及其他渠道的信息资源，还可以对事物进行深入观察，并用科学的手段进行逻辑推理与演绎等方式，最终得出根本性的结论。由此可见，探究性的学习本身就是一种积极主动的学习过程，是学生进行探索问题、解决问题的过程。在日语课程探究性学习过程中，首先要基于学生自身的兴趣，由教师进行指导，同时学生还要充分发挥自己的主观能动性，用自己的亲身体验主动获取信息及知识，并运用自己获取到的知识解决问题，使交际任务得以很好地完成。在日语学习过程中，探究式的学习方式有着重要意义，是时代发展的需要与必然趋势，同时也是一种培养学生创新能力的有效途径。

在传统的日语教学中，往往以教材为中心，基本是照着教学大纲及教材上的内容机械地进行教学。在这样的课堂上，学生是被动地学习，对词汇、语法、句型及语言特征等进行机械式的学习，很难将日语作为一种真正用来交际与沟通的语言工具。在传统的教学中，教师经常忽略学生的当前认知及推理能力，将其作为没有独立思想的学习机器，只是被动地接受知识的灌输。教师会向学生传输很多知识，但这就像一个漏斗，学生往往将所学漏得所剩无几。这样的形式培养出的学生缺乏可持续发展性，因循守旧，缺乏自主意识与学习能力，习惯于被动接受他人的观点，同时缺乏必要的创造能力，这也是我国传统教育普遍存在的问题。

在任务型教学法中，主张真实的情境在教学过程中的构建，教师要积极地引导学生主动进行语言知识的探索、发现、应用及体验，使学生的语言能力得到锻炼。大量的实践证明，这种任务型教学法可以有效地激发学生的学习积极性、主动性，充分地调动学生学习日语的兴趣。这种模式为学生提供了大量进行日语交际的情景与机会，可以使学生的思考能力与创造能力得到有效增强，使其创新能力得到极大的锻炼。在日语教学中，任务的设计并不完全按照教材内容进行，而是以教材为基础，在与学生共同讨论之后进行综合设计。因此，在任务型教学法下，每组学生及每位学生选择的内容是比较灵活的且具有开放性，不是固定的。教师可以引导学生结合自己现实生活中的实际经历与生活经验，大胆预测与推断任务进行的整个过程，激发学生的想象力与创造力。教师可以向学生展示几个简单的问题，以激发学生的学习兴趣，让学生尽快进入一种良好的状态，产生解决问题的强烈渴望。在具体的教学过程中，教师还可以采用音频、视频等多媒体方式有效地吸引学生，对学生的疑难之处进行适当的点拨与解答，在没有疑问的地方可以巧妙地设置一些疑问引导学生进行深入思考与探究。这就是启发方式的运用，可以有效地引导学生积极主动地对任务完成的过程进行探究。日语教学中任务型教学法的应用，对学生的主动思考能力与自主学习能力有一定的要求，要求学生对任务进行探讨，并在教师的指导下积极地探索任务完成的方法。任务型教学法非常强调学生的主体地位，也比较重视教师的指导作用。在这个过程中，师生之间的地位是平等的，是一种相互合作的关系。学生在学习与研究探讨的过程中敢于提出自己的疑问，敢于质疑与批判等，教师可以对学生在学习过程中遇到的问题进行及时了解并提供相应的帮助，学生在教师的引导下，可以对自己感兴趣的课题进行深入的探索研究，然后得出结论。

在任务型教学法中，教师将学生需要学习巩固的知识内容划分为一个或者几个任务，活动的重点与中心是任务完成的过程。这种教学法实施一段时间后，学生有了一定的熟悉度，会形成一种思维习惯，知道每节课都需要完成一个或几个基于教材内容的任务，因此学生就会养成课前预习与准备的习惯。根据认知学习理论，人们的认识是由外界的刺激与人的内部精神心理相互作用的结果，而非单纯的外因作用，学生要想获得有效的认识，就必须充分发挥积极性与主动性。因此必须重视学生的学习中心地位，要想让学生积极主动地参与，首先就需要激发学生的学习兴趣，这是一个前提条件。在任务完成的过程中会涉及很多方面，包括学生对语言的理解与运用、具体的操作及学生与学生之间的互动交流与合作等。由师生之间相互合作，共同对某个具体的、有真实意义的任务与问题进行解决，让学生自然习得语言，这是任务型教学法的核心。互动合作性及任务的真实性是任务型教学法重点强调的问题，在学习过程中同样强调学生的主体作用，这样的教学方式打破了传统教学法中学生被动接受信息的局面。在该模式下，学生根据过往已经形成的认知体系与结构对外在的信息进行有觉知的选择，通过不断的自主实践与探究，对自己的认知经验与体系重新进行构建。

第三节　任务型教学法在日语教学应用中的不足与建议

一、任务型教学法在日语教学应用中的不足

任务型教学法在日语教学中的应用是一次探索性的实验，既有一定的优势，也存在一定的不足，同时由于实验者自身的经验认知等方面的限制，也会导致实验结果出现一定的偏差，实验中也存在很多的局限性，有待进一步的改进与完善。

（1）设计者对任务教学相关理论知识及实验方法的理解不是很到位，不能够进行深刻把握。有些教师将一些重复机械式的练习当作任务。如在语法课之前，教师并不会提前对语法进行讲授，而这些对学生来说都是新的知识点。在教学时间比较紧张的情况下，教师会先行对语法进行讲解，之后再由学生做造句的任务，从某种程度上来说，这里的任务与练习差不多是一个意思，教师只有深入系统地

学习任务型教学相关理论，才可以明确地分辨任务与练习的异同。在我国任务型教学法的研究中，大多数的学者是对现有的国外案例与研究成果进行分析，还没有真正形成具有中国特色的任务型教学模式，一些论文仅仅将一些国外的理论进行机械式的套用，并没有对其理论基础及背景等进行深刻的反思、质疑与研究。经过深入的调查发现，大部分教师仅仅是听说过任务型教学法，但是对其具体的内涵及真正的实际操作方式知之甚少，对操作原则更是一无所知，有些教师将任务型教学等同于角色扮演，有些教师甚至没听说过任务型教学法。由此可见，教师对任务型教学法的认识普遍不足，大多数教师对任务型教学法的理念与内容不是很了解。

（2）教师在应用任务型教学法的过程中，有关任务型教学法的相关资料与研究经验相对缺乏，所参考的理论及相关研究资料并不全面，同时没有前人的经验和影像资料可供借鉴，只能借助参考文献进行研究、探讨。而教材是最重要的教学资料，教材的作用就是服务教学，承载着重要的教学信息，是教师实施教学的重要媒介。在教学过程中，教师与学生的认知活动受教材内容组织结构的影响巨大。合适的教材对教学活动的开展有着重要作用。我国大学的日语教材大多较为陈旧，有些学校甚至没有教材，教学内容是由任课教师随意安排的。日语教材内容陈旧单一，是我国大学日语教学当中面临的一个重要问题，市面上关于日本文化及社会生活等方面的图书资源较少，已有资料大多为与考试有关的参考题及训练题。我国大学日语教学以向学生传输具体日语知识为主要目的，教材以语法为纲要。这种传统的教材编排方式一定程度上能够帮助学生掌握语法知识，但在一定程度上忽视了学生的日语交际能力。虽然在教材编排上配备有精美的插图，但内容侧重于语言知识及语法句型的解释，这与学生的现实生活相去甚远，很难引起学生共鸣。而任务型教学法更加注重培养学生的交际能力。教师在进行任务设计时，不仅要考虑设计的任务与现实生活场景的相关性，注重任务的真实性，还要兼顾学生的知识水平与教学大纲的要求，这就使得任务设计难度大大增加。同时由于教师缺乏更为丰富的日语教材资源与原版影像资料，并且资料的寻找也存在一定的困难，从而对任务型教学法的实施造成很大的影响。

（3）设计者对任务的设计不是非常完美，任务设计形式不是很理想，而且在任务设计过程中经常面临一些问题，如任务的难易程度不好把握、任务的具体形式不好呈现，以及任务与任务之间的相互衔接等问题。设计过于简单的任务对学生来说没有任何挑战性；而如果任务过于复杂，学生就难以完成，就会产生严重的挫败感，从而使其日语学习的积极性受到严重的打击。因此，如何把握一个适当的度是一个值得研究的问题。

（4）实验中取样比较少，只是挑选了两个班级进行研究比较，这样的实验结果不具备普遍性，存在一定程度的偏差；如果选取多个班级甚至整个学校参与实验，那么这样的实验结果会更具参考价值，更具准确性与可靠性。然而，现阶段在全校进行这样大规模的教学实验还存在众多的现实性问题与挑战，因此，这也是该实验中一个比较重大的难题。

（5）在任务型教学实验中，实验的设计者与实验的执行者往往不是同一个人，执行者往往由专业教师来充当，当设计者与执行者不能经常保持有效沟通的时候，那么实验的执行就是一个难以保证的问题。设计者与执行者对问题的理解是否一致，或者说执行者是否完全按照设计者的思路与想法进行实施，都无法得到有效的保证，不同的个体之间达到很高的默契度是比较困难的，这也使实验的具体效果难以保证。

（6）现阶段，任务型教学法的实验只是在本科日语教学的初级阶段进行，对于中级阶段及高级阶段的适用性还有待进一步验证。同时，学生的日语水平和能力与任务型教学法是相互冲突的。对于中国大学生来说，日语不是我们的母语，也不是我们的第一外语，同时我们也没有学习日语的语言大环境，因此对日语的学习是比较困难的。在我国高等院校招生中，大部分生源是英语生。日语专业的学生大多是从基础发音开始学起的。不同于英语专业，高校的日语专业学生在中学阶段学习外语基本以英语为主，因此很多学生没有日语基础。日语专业大一、大二是基础学习阶段，大三、大四是中高级学习阶段。在大一、大二时，学生的日语语言基础能力是非常薄弱的，词汇积累量少，对语言发音、语法句型等方面的掌握非常有限。在任务型教学法中，非常强调通过任务的完成来实现语言能力的提升，对于"做"是非常看重的，重点是为日语学习者运用语言创造一个有利的情景或者条件。任务型教学法就是通过让学生在课堂上完成任务的方式进行教学，首要考虑的问题就是完成任务，学生完成任务的关键因素就是任务的难度，如果任务的难度过大，学生就会将大部分的精力放在完成任务上，会对交际策略过度依赖，而忽视语言的复杂性与准确性。语言形式与意义两者之间取得平衡的关键因素在于任务难度的大小。如果学生的基础非常薄弱，甚至连基本的词汇、发音、基础语法都没有掌握，那就很难进行观点表述、意见表达或者辩论，而对手可能也只是掌握了只言片语，很难进行完整的表达，双方之间的交流大多是依靠表情与肢体语言来完成，因此学生可能会很快完成任务，但是语言交际能力却很难得到实质性的锻炼与提升。

（7）虽然合作式学习对培养学生的合作精神与交际能力具有巨大作用，但是过度采用合作式的学习方式，非常容易让学生养成依赖他人的意识，这样就会使其独立思考的能力减弱。合作式学习方式是任务型教学法开展的主要形式，其主要目的就是使教学中两极分化的问题得到解决。但是在实际的教学过程中，小组活动只是简单地停留在表面形式，管理与必要的分工都是非常缺乏合理性与科学性的。表面上看起来课堂气氛非常热闹，实际上却是一团糟。在该教学模式下，学生个体及小组活动难以被有效地控制与监督。在教学过程中，"人"是最根本的要素，教师必须根据学生的个性与特征进行教学。每个学生的性格都是各不相同的，有些学生性格比较外向，善于模仿与表达；有些学生性格比较内敛，不喜欢公开性的交流与活动。在采用小组方式进行学习的时候，部分学生的自觉性比较差，参与活动比较随便与敷衍，如果教师不多加管理，长此以往，这些学生就无法跟上教学进度。在合作式学习中，学习进程往往是由一些自主学习能力及反应能力强的学生决定的，能力一般的学生就显得非常被动，长此以往，这些能力一般的学生就会养成不良习惯，总是等着他人的启发与答案，独立思考与解决问题的能力会逐渐消失。

（8）实验班的执行教师与对照班的任课教师的教学经验及教龄存在不一致的情况。虽然基础阶段的日语教学比较简单，教师在教龄上的差距所呈现效果不是很明显，但是在实验具体取样过程中，如果不能对这些变量进行精细把控，那么实验结果所得数据还是会受到一定的影响。

（9）学生小组在完成语法讲解的任务时，采用的活动形式往往是比较单一的，提问与讨论是小组设计活动最多的形式，可以在其中适当加入表演与游戏等形式。

（10）任务型教学法对教学进度的影响是比较严重的，由于课程进度的要求，在采用任务型教学法的后期，为达到预定的课程教学进度，后面的课程只能放弃做任务的内容，完全由教师进行安排，而原有的教学任务由学生课下完成，当作课后作业进行提交。在这个过程中，执行教师往往承担着巨大的压力，时间不足成为其最大的烦恼。同时，这也会对学生造成一系列负面的影响，有一些学生甚至认为这种教学方式完全是在浪费时间与精力，比不上直接从教师那里获取知识，从而产生很强的抵触心理。

（11）任务型教学法实验的时间比较长，在实验班与对照班相互对比的过程中有很多不可控的因素，存在很多内在的与外在的干扰因素，使实验效果受到一定程度上的影响。

（12）任务型教学法的实施过程占据了大部分的课堂时间，使教师在时间的把控上存在一定的难度。短期内，在同等时间与同等条件下，应用传统的教学方式会让学生学到更多的知识。而采用任务型教学法在短期内效果是不明显的，长期才可以看到实际效果。即使在每次任务中教师也都会对时间进行规定，但是在实际操作中是学生在讲课，由于其无法像经验丰富的教师那样对课堂的节奏进行精准把握，很难有效地控制时间。如多数学生在自己误认为很重要的地方浪费了很多时间，很难对重点难点问题进行有效把握。因此，在任务型教学法设计时，教师还应在时间掌控方面进行更加合理的安排。

（13）在任务型教学实验过程中，规定学生平常的课堂表现对期末考试是没有影响的，这就使一些学生认为任务型教学方式不重要，只是一种作为正式教学的补充手段，象征性地参加一下就可以了，反正对期末考试也没有任何影响，心情好了可以做任务，心情不好就由其他小组成员来替代。这也导致任务型教学法对学生缺乏有效的约束力。

（14）在进行任务设计的时候，执行教师有必要用日语进行授课，在学生刚入学的第一学期，由于学生基础薄弱，甚至有些是零基础，完全采用日语的话学生可能听不懂。对此，可以将第一学期作为适应性的学期。第二学期开始采用一些日语进行授课，无法实现完全的日语授课的主要原因还是在于学生的日语水平有限。笔者认为可以完全采用日语进行授课，因为没有压力就没有动力，只有具备了一定的压力，学生才会充分发挥自己的潜能进行日语学习，如果总是担心学生听不懂，就像幼儿学习走路一样，害怕孩子摔跤总是不放手，那么孩子是很难学会走路的。应让学生学会独立自主地学习，同时教师也应对学生有一定的信心。只有让学生学会自主独立，他们才可以更好地掌握日语学习。

（15）在教学实验中，执行教师也存在很多问题，如执行积极性问题、体力精力问题，以及对新型教学法理解方面的问题等。在执行任务的时候，教师可能同时负责多个班级，或者担任多个教职任务，由于体力与精力及年龄的问题，在任务型教学法上的精力投入也是非常有限的，任务执行的积极性也会受到很大的限制。近几年来，我国高校基本上是在扩大招生规模，而且增长的速度很快，学生的增长速度已经远远超过了招聘教师的速度，这就意味着单个教师要负责更多的学生，从而大大增加了教师的教学任务与负担。有时候一个教师就要负责很多个班级，每周要上很多课，使其成为一台上课机器，体力与精力经常处在一种透支的状态，进而使教师的教学改革热情受到极大的打击。在任务型教学活动中，从任务的设计到课堂的实施，教师要花费大量的时间与精力，这样才可以使任务型教学方式真正发挥效果。在这个过程中，教师有必要考虑学生的兴趣爱好，根据每个学生的不同特点确定不同的任务，这样就需要教师花费更多的时间与学生接触，了解学生的具体情况，也要求教师具备非常强的责任心，这一点对很多教师来说是很难做到的，但如果教师不具备责任心，教学优势就很难真正发挥出来。与此同时，执行教师对任务型教学理论的认知程度也会对实验的效果造成直接的影响。要想让这种新的教学法充分发挥出应有的优势，就必须提升执行教师的理论素养。

（16）在语言焦点阶段，教师要对学生在任务完成过程中所犯的错误进行纠正与总结，这就涉及一个纠错的问题，学生在完成任务的过程中会产生很多错误，如表述错误、语法错误，或者其他形式的错误。教师在对学生的所有问题都进行纠正的情况下，就需要花费大量的时间与精力，因为在一节课中学生所犯的大大小小的错误是不计其数的，教师不可能清清楚楚地记住每一个错误，同时也没有足够的时间对全部错误进行纠正。而且过度纠正会使教师的心情与授课质量受到极大的影响，同时学生的耐心与信心也会受到极大的挑战，从而使其学习的积极性受到严重的打击，因此，教师在纠错过程中应考虑适当合理纠错的问题。

（17）在任务型教学法的实施过程中还存在一个悬而未决的问题，就是对学生掌握的语言应如何测试，以使教学效果得到有效的检验。在进行测试时很难找到可供参考的示范例题，任务型教学法下测试该如何设计及相关的评分标准都是亟待解决的问题。

二、对任务型教学法的教学建议

（1）在学生刚开始进行日语学习的时候，要专门开设一门关于日语教学法及学习方法的课程，可以将其作为一门选修课，让学生了解学习日语的方法，以便更快地找到适合自身的学习方式。

（2）任务型教学法要想完全融入实践中是需要耗费很多时间的，有时甚至需要花费好几年的时间，因此不能仅靠教师的一腔热血，其中还有多重的制约性因素，而最为重要的就是学校的具体计划安排，执行教师往往需要很长的时间对自己的教学实践进行充分调整，这个过程是非常缓慢且漫长的，需要学校方面的鼎力相助。

（3）在国内，对教师的教学效果评价参考指标还是以考试分数为主，很显然这种评价标准是非常片面与偏颇的，因此非常有必要对教学效果的测试与评价方式进行改变。

（4）以往对学生知识掌握情况的评价通常以期末考试的成绩作为参考指标，随着实践的发展，这种评判标准已经很难适应新的发展形势，虽然当前也有很多学校会把学生的平时成绩纳入最终的期末考试成绩中，但是所占比例是非常小的。

因此，除了期末的测试成绩以外，学校还应多多关注学生平时上课做任务的具体表现，并制定相应的评分体系与标准，加大期末总成绩中平时表现的比重，这样就可以有效改变学生平时准备与执行任务时的态度，对学生形成一定的约束力，防止学生平时偷懒、懈怠。与此同时，还可以促进学习评价的科学性、公平性与合理性，时刻关注学生的学习情况。

（5）在实施任务型教学法的时候，应建议以年轻教师为主，因为年轻教师在体力上有着天然优势。他们有着更加充沛的精力，思维非常活跃，对新鲜事物有着非常强的接受能力，同时又有对工作的热情与理想，充满干劲与活力，敢作敢当，勇于实践，是实施新教学模式的最佳人选。

（6）教师要想对任务型教学法进行有效应用，首先必须了解相关理论。在任务型教学活动中，教师必须对学生进行参与策略的指导、内容的推荐及结果评估这三个相关性环节。此外，教师还要深刻地把握任务的难度，适当地布置任务，积极地推动课堂教学顺利进行。总而言之，任务型教学法对教师提出了更高的要求，任务型教学法实施的关键就在于教师本身的素养。如果教师缺乏对该系统深刻的认知与把握，就很难进行具体的实践与操作，而且任务型教学法的优势也难以体现出来。院校应增加对教师进行与任务型教学法有关的培训，让教师深刻把握该理论及内涵。只有这样才能在任务型教学实践中充分发挥教师的引导作用，更好地激励学生完成任务，对学生进行更加清晰明了的指示。

（7）教师在任务型教学过程中可以应用多媒体手段，如互联网、视频、音频、图片等。多媒体技术的高科技性质具有更多的模拟演示功能，能为任务型教学中的任务提供更多的模拟演练机会。如可以通过多媒体为任务设置相应的情景与情节，使学生有一种更加真实的感觉，更加贴近现实，从而可以让学生更快地融入任务的参与中。

（8）在任务型教学实践的实施过程中，非常考验教师的教学组织能力，要求教师有较强的应变能力与自我调控能力。其中最难与最重要的角色就是组织者，教师的组织能力在一定程度上决定了课堂活动的成败。在课堂任务布置之前，教师应向学生发出明确的指令，让学生对本节课的具体任务有一个清晰的概念与认知，让其明白自己到底要做什么。在实际的教学实践中，可能会有多种因素导致学生难以完成任务。因此，教师必须具备过硬的专业基础知识，要善于在课堂上抓住各种契机为学生提供学习机会，要积极地为学生营造良好的学习氛围，要深刻认识与把握学生在认知方面的差异性，注重学生综合能力的全面发展。由于在实际教学过程中学生在意识、兴趣、能力与反应速度等方面的差异性，对于任务设计的把握往往存在一定的难度，对大多数学生来说，教师分配的任务经常是符合实际情况的，但任务的难易程度却难以把握。教师在任务型教学法实施过程中，要把控好任务安排、教学进度等，同时还要关注课堂的秩序。如在小组合作式学习的过程中，一些能力比较弱或者性格内向的学生总是不太愿意参与集体性的活动，有时候甚至完全采取一种消极的态度，放弃自己参与的机会，将所有的工作统统推给其他学生。有时候小组成员在进行公开报告时，其他成员很少认真倾听，在下面窃窃私语，这时候就要求教师对课堂纪律进行掌控，不可一味地以学生为中心，教师应使整个课堂的发展方向得到更好把控。教师要激发学生自主学习的意识，让学生积极主动地参与小组合作完成任务的过程中，要善于鼓励、引导、启发学生，使学生提高注意力；教学方式要巧妙迂回，收放自如，要善于激发学生全面思考问题的能力。教师应与学生一起合作，分享自己的情感，增进与学生的情感，同学生一起成长，这样教师的教学组织能力会越来越强，学生的学习效果也会越来越好。

（9）经统计调查问卷发现，大部分学生认为在任务完成过程中"寻找材料"是最难的任务之一，学生对多媒体手段利用不足，多数学生不会或者不知道在什么地方可以查询日语资料，因此学校就非常有必要对此方面进行专门培训，加强学生的日语学习能力与素养。在平时的教学中，教师可以有意地为学生提供一些专业的日语资料查询网站或者渠道。

（10）笔者认为应在小班中开展任务型教学实验，20人以内是比较合理的，如果人太多，那么每个小组所要承担的任务量就会大大减少，同时也会大大减少小组成员在课堂上实际应用日语的机会，从而很难实现教学目标。

（11）培养学生的语言交际能力是任务型教学法的主要目的，不仅要求学生利用语法规则与词汇组成完整的句子，而且要求学生了解这些语言使用的主要场景。这是我们都非常期待实现的目标。但是，我国高校缺乏必要的日语学习环境和日语教学条件，只能让学生学会用日语进行有效的表达与简单的交流。对于以日语为母语的孩子们来说，他们具有语言习得的优势，有强烈的语言表达欲望与充分的交流环境，但是我国的学生缺乏必要的条件，只能在课堂上以固定的方式完成日语学习。因此，我国高校在对外国的语言教学理论进行借鉴与吸收的时候，还应充分考虑中国学生的实际情况。语言学习与习得是有本质区别的，如果只强调语言习得的作用，那么学生就很难掌握系统的语法结构与知识；如果只强调学习，那么学生对于语言的掌握只会停留在语言的形式、结构等方面，从而忽视语言的内化与吸收。传统的教学形式过于重视语言的形式，而经常忽略语言的现实意义，如果完全抛弃语言的形式而只谈应用，那就会失去教学的意义。因此，教师必须对语言形式进行适当处理。

在教学中，每个学科都有其自身的发展规律，同时每个学科的教学方法也是有规律可循的，教师应积极地探索每个学科的教学规律，并充分地尊重规律，在此基础上有效地实施课堂教学。教师在进行某个阶段的教学时，针对不同的教学现象不可拘泥于一种教法，应对各种因素进行综合性的考虑，尤其是要注重"人"这一要素，要针对其寻找适合可行的教学方式。教学效果是衡量教学方法的重要指标，而知识结构与层次的不同又会使教学效果呈现出阶段性与多样性的特点。同一种教学方法对不同阶段与不同的教学对象来说产生的教学效果是不同的。对于日语教学来说，由于语言构成的特殊性与教学对象的客观性，教学方法不可一成不变。在整个教学过程中，运用一种教学方式是非常不现实的。应一切从实际出发，实事求是，更加重视根据实际需要运用多种教学方法，取其精华，去其糟粕。不应也没有必要将自己束缚在一个固定的框架与模式内，不应站队划分派别，全盘接受或完全否定，也不可消极等待，要基于实际的教学目的、教学任务及条件对象等选取适合的教学方法。

教学问题是非常复杂的，没有一种教学方法可以解决所有的问题，不能过高地期待某一种形式的教学方法。过分地认定一种教学形式只会让自己失之偏颇，日语教学的改革也将失去其应有的价值。我国的日语教学具有一定的特殊性，受到一定客观条件的影响。从我国具体条件来看，我国与日本的直接交往是比较少的。因此，对于日语专业的学生来说，非常缺乏日语习得的自然环境，从而其日语应用能力也难以得到有效的锻炼。学生的语言输入场所主要在课堂上，很少有机会用日语进行实践锻炼。在我国大多数高校中，关于日语的资料是非常匮乏的，教学环境与条件也不是很好，缺乏经验丰富的日语教师。本章对任务型教学法在日语教学中应用的相关问题进行了详细的分析与说明。通过实验证明，任务型教学法是一种可以将语言价值充分体现的以人为本的先进教学方法，对日语教学质量有一定的提高作用，可以形成一种新型的师生关系，使学生的创造性思维得到培养。同时，对待任务型教学法，我们也应用一种辩证的思维来看待，因为世界上任何一种教学方法都不是十全十美的。教师可以根据日语教学的规律与特征，根据不同的教学目的与对象，灵活地选择教学方法。同时，教师也应在教学中学会自我反思，对教学效果进行评估，要在实践中不断地探索、不断地进行总结与完善，使自身的教学水平与质量得到有效的提升。

第三章　Seminar 教学法在日语教学中的应用研究

Seminar 教学法起源于德国，是西方教学中广泛采用的一种教学方法，主要是指学生在教师的引导下自主开展的教学活动，学生就某一课题开展调查研究，并在课堂上展示调研成果，教师对学生的课堂展示进行总结点评，班级内其他学生也能畅所欲言地表达自己的观点，从而达成学生与学生之间及师生之间深入交流、共同探讨的一种交融式的学习模式。这种方法不仅能够提升学生的主观能动性，培养学生的独立思考能力，培养学生的发散思维，而且能够打破原有的传统教学模式，提升教师的教学能力，使课堂氛围更加活跃，不断提高课堂教学质量。

在经济全球化的背景下，我国与其他国家之间的交流越来越密切，我国对日语语言人才的需求量越来越大，对日语语言人才的要求也逐步提高。日语语言人才不仅要具备基本的翻译能力，而且要具备较强的应变能力和情景运用能力。随着国家之间的往来日渐加深，日语语言人才还需具备大局观念，需对我国的政治、经济、环境及当前的社会意识形态具有充分的了解和深入的钻研。作为一名新时代青年，日语语言人才还需承担促进国家繁荣和民族复兴的重大责任。这就要求日语语言人才具备深厚的文化素养、经济素养和政治素养，以及强大的精神动力和思想道德素质，从而更加灵活、全面地应对多样化的语言交流问题。

目前，我国高校对于 Seminar 教学法的应用主要集中在医学领域，对于其他专业尤其是语言学领域的应用较少。因此，要将 Seminar 教学法融入高校日语语言教学过程是一个重要的课题。Seminar 教学法不仅能够提高学生日语学习的积极性，增强学生对日语语言的深入探究和研讨能力，还能够提升教师的日语语言教学能力，不断丰富高校教师的日语教学模式，提升日语课堂教学质量和效果。另外，开发适合中国学生学习日语的 Seminar 教学法，也能够在尊重我国学生发展规律的基础上，开发更多日语特色学习模式，共同推动日语教学课程的进一步完善和发展，从而推动国家高校人才体系的构建，也能为国家综合实力的提升赋能助力。

第一节　Seminar教学法在日语教学中应用的理论基础

（一）Seminar教学法概况

Seminar 教学法是国外高校教学过程中极为常见的一种教学模式，本小节主要探讨 Seminar 教学法在日语教学中的应用。Seminar 教学法与日语教学相结合有其特定因素。一方面，Seminar 教学法与日语语言学的特点具有一致性，日语语言学具有研究探索、归纳总结的特征，这与 Seminar 教学法的教学模式和教学目标是相匹配的；另一方面，Seminar 教学法并不是一成不变的，而是根据不同的年级及不同的教学环境和学生水平分为初级、中级、高级三个阶段。其中，高级阶段主要是针对高校研究生制定的教学方法。日本研究生多采用小班教学模式，相对来说人数较少，更有利于发挥 Seminar 教学法的优势。[1] 我国目前高校普遍存在教学模式单一、课堂氛围沉闷的教学问题，部分高校更加注重学生的专业知识和专业技能的培养，不仅忽视了学生创新思维和创业能力的提升，也忽视了学生的成长、成才过程。Seminar 教学法作为一种教学活动被引入我国高校教育教学过程中，能够有效改善我国高校目前的教学模式，与教师的课程设置实现高度融合，提升学生学习的积极性，给予学生更多的讨论时间和空间，充分发挥学生的创造性思维，为学生提供更加自由的学术辩论氛围。Seminar 教学法是高校各个学科教学计划中的重要组成部分，有助于加快推动高校教育改革进程。

（二）Seminar教学法的理论基础

Seminar 教学法最初的应用目的是促使高校在教育教学中形成自由宽松的教学氛围，主要是打破原有的较为僵硬的教学模式，尚未涉及提升学生对知识的掌

---

[1] 蒋妍，谷娟.Seminar 教学法在《基础日语》课堂中的应用 [J]. 读与写（教育学刊），2019，16（11）：4+6.

握程度。19 世纪之后，随着高校科技水平与科研教学能力的逐步提高，Seminar教学法在高校教学中的应用得到进一步优化，发展为更具系统性、科学性与全面性的一种教育模式。

1. 行为主义学习理论

行为主义学习理论作为高校教育中重要的理论依据，对高校的教育变革有着极大的推动作用。诞生于 20 世纪初的行为主义学习理论，作为心理学的一种流派在语言教学过程中起着重要作用。行为主义学习理论经历了早期行为主义和新行为主义两个发展阶段。行为主义学习理论共同的观点是认为学习的本质是刺激与反应的联结，学习的过程是一种通过尝试而形成联结和强化联结的过程。

美国著名的心理学家华生被认为是行为主义心理学的创始人。华生行为心理学的主要观点是环境对人类的行为方式起着决定性的作用，其认为人的行为不是先天性的，而是由环境的不同刺激导致的。也就是说，人类的所有行为可以通过学习获得，也可以通过环境的刺激来调整和改变。只要通过观察、研究找出环境刺激与某一行为之间的根本联系和内在规律，就可以创造性地根据想要达成的任务和目标，设计创建科学合理的环境刺激，从而促使人们的行为根据期望而发展演变，实现操控人类行为的最终目标。

美国心理学家斯金纳提出了操作性条件反射理论。他提出程序化式的教学方法，认为进行高强度的行为锻炼和施以刺激化的行为激励能够直接推动学生的学习能力。这种理论有其局限性，忽视了学生主观意识的存在与学生的主观能动性，因此在实际运用的过程中应充分发挥学生的主体思维，使学生明确自身定位，让学生产生清晰的自我认知，从而使其积极改正自身的不足之处，达成自我成长的最终目的。

著名心理学家桑代克是联结主义心理学的创始人。在他看来，学习过程是刺激对机体行为的一种有效调节。他认为，学习就是在试错的过程中进行的，只有不断地试错，然后在试错的过程中不断地总结，从而使错误的行为逐步减少后获取正确的行为。他还提出了三条学习规律，至今仍然有着重要的意义和参考价值。第一，他提出了准备律，指出学习者在开展学习活动之前要针对学习的内容进行生理和心理上的准备，确保学习者能够更加自如地开展学习活动，从而有效提升学习效果；第二，他提出了练习律，指出学生要通过不断的练习，才能够发现自身的不足，从而进行学习方式方法上的优化和完善；第三，他提出了效果律，指出教师要通过正面的反馈意见来激励学生更加积极地开展学习活动。

2. 行为主义学习理论与 Seminar 教学法结合的方法

（1）注重激发学生学习的积极性

在 Seminar 教学法与高校课程设置相结合的过程中，教师会根据学生感兴趣的话题和内容，积极探索学生在教学活动中的学习动机，从而为学生设置相匹配的教学主题。在此过程中，学生更加愿意主动地开展任务活动，更有热情地参与到教师布置的教学任务中，根据教师设定的教学计划和教学任务，积极地查阅课题资料，自主地利用能够触及的教学资源填充自身的学习内容，不断丰富自身的知识体系。教师在后续的教学过程中，全程参与却不干预学生的自主学习活动，充分尊重学生学习的自主性，促使学生的思维得到充分发散。学生可以自主选择问题的方向和探索路径，以确保学生在探寻问题过程中的积极性，为教师课程教学的开展夯实基础，还能够促使学生对课程的参与度逐步提升，学生在课堂上的注意力也会更加集中，这将成为教师开展教学活动的重要保障。另外，教师除了对学生调研过程中的问题给予引导和指导之外，还需加强对学生的正面激励，采用多样化的鼓励措施以使学生在学习研讨上树立信心，增强学生的获得感和满足感，促使学生以更加强大的学习动力进行下一步的活动，这也是提升学生学习积极性的有力举措。

（2）注重培养学生全面学习的能力

Seminar 教学法在教学过程中的运用，强调学生要循序渐进地开展课题研究活动，学生要反复钻研所学内容，不断强化学习能力，这样才能确保学生在最终的课程汇报中实现完整全面的总结。教师利用 Seminar 教学法开展教学活动，需要学生将搜集到的信息归纳整理，根据教学主题和教学目标有条理、有目的地汇总成报告材料，并让学生在班级开展调研成果的汇报工作。教师根据教学目标对学生的最终成果进行点评和总结，着重讲解教学内容中的重点和难点，提醒学生课后反复加强对课程中重难点的把握，加强专项练习，促使学生有层次地开展针对性训练，提升学生的归纳总结能力和汇报工作的能力。

（3）注重学生的个性化发展

Seminar 教学法的使用能够确保学生学习的自主性得到充分发挥，学生可以通过自主选题开展研讨活动，在此过程中要充分尊重学生的想法和实践活动，确保学生在学术探讨研究中的自由权，为学生创建更加轻松的学习环境。学生不仅能借助学校内部的学习网站，还能利用自身的社会资源展开探索，在这种不加限制的氛围中能够促使学生的专业知识能力和社会实践能力全面展现，也能够在有限的时间内使学生的学习能力得到有效提升。此外，由于学生的学习水平和知识基础不同，教师应对学生情况进行摸排梳理，为学生制定不同的调研内容和调研主题，采用不同的教学方式，使学生在学习的过程中能够与自身的成长发展规律高度结合，从而推动学生的个性化发展。

3.认知主义学习理论

认知主义学习理论是在行为主义学习理论的基础上完善和发展的，它不仅强调外部环境的刺激，而且强调对学生心理的关注和建设。教师在教研的过程中应更加注重学生的心理结构和心理特征，有针对性、有计划性地开展课程设置，强调学生在认知学习过程中的重要性，注重培养学生的独立思考能力和独立面对问题、解决问题的能力。认知主义学习理论指出学习的行为表现都是学生思维过程的反映和体现，因此教师以认知主义学习理论为基础开展日语教学时要观察学生的学习行为，从而推测其内心想法，并且在此基础上有针对性地调整教学内容和教学模式，最终使学生产生正向的学习行为活动。

认知主义学习理论起源于1912年的格式塔学派的认知主义学习论。克勒的顿悟说强调发挥意识的主观能动性；瑞士心理学家皮亚杰认为学习活动是学习者根据自身已有的认知体系进行改造客观世界的一项动态活动，提出学习具有整体性和系统性的特点。

奥苏贝尔提出的有意义的学习理论更加注重研究教师在教学过程中的教学规律。奥苏贝尔认为，学生最新的思维是在新旧知识的共同作用下产生的。新的认知结构与原有的认知体系在学生的大脑中实现重构，从而产生融合之后的新想法。

其中心思想主要表现在学生能够主动地接收新知识，并将此与原有的认知思维加以联系；学生必须积极主动地发挥主观能动性，促进新旧知识之间建立新的关系，促使它们之间相互作用。奥苏贝尔提出的"发现学习"对当今的教学模式也有着深刻的指导意义。"发现学习"着重强调学生要靠自己的发现来完成教学任务，注重学生学习过程中的主体地位，利用学生学习的主动性，更加看重学生的探索过程和学生在探索过程中使用的方法。"发现学习"可以极大地调动学生学习的积极性，也更加符合现代素质教育的理念。

4. 认知主义学习理论与 Seminar 教学法结合的方法

Seminar 教学法是以学生为中心的教学模式，教师在运用 Seminar 教学法开展教学活动的过程中，将教学内容的主题告知学生，完全尊重学生对教学主题研究探索的整个活动过程。教师在此过程中的引导作用体现在以下两方面：一方面，观察学生在搜集信息过程中采用的方式、方法，并将自身的搜集方式与探索的方法经验等教给学生，使学生能够依靠自身的努力归纳总结出属于自己的独特经验，也能够根据教师的指导，吸收、借鉴教师工作的方式、方法，从而融会贯通地形成最新且有效的学习模式。另一方面，学生的研讨过程中虽具有较大的自主性，但是教师也应全程参与教学活动，这种参与性体现在随时关注学生对活动主题的整体把握，以及观察学生研讨活动开展过程是否条理清晰，是否具有宏观理念的把握和微观细节的处理。在学生汇报工作成果时提出指导性的具有参考价值的建议，使学生调研活动的开展更加顺畅，既为学生提供更多的思考和工作思路，也为学生下次开展教学主题活动奠定基础。

同时，Seminar 教学法注重学生意识的主观能动性。根据教师的教学模式，刺激学生建立积极的学习思维体系，进一步推动学生开展有实际意义的实践活动。也就是说，培养学生形成良好的思维习惯，促使学生以更有动力的行为开展实践教学活动。Seminar 教学法既是一种更具探究性的教学模式，也是一种互动式的课堂探讨教学，它能够促使学生充分地发表自己的观点，并且围绕教学主题开展有意义的学术探讨。在此过程中不仅能够激发学生学习的热情，而且有助于培养学生的创新思维。在配合教师有效引导的同时，将课堂构建成更加完善且更具教学意义的交流平台，帮助学生在已有的思维模式上融入创新元素，促使学生充分发挥意识的主观能动性，并将此创造性地运用到实践探索中，最终形成科学系统的思维体系。由此看来，Seminar 教学法的关键在于培养学生学会学习，促使学生掌握学习方法。学习的过程不仅是简单地模仿和照搬，而且是学生在自主探究的过程中形成立体全面的认知体系，更有利于学生将理论知识与实践技能相结合，培养学生的综合素养，促进学生的全面发展。

5. 建构主义学习理论

在建构主义学习理论的视角下，学生才是学习的主体，教师作为教育教学活动中的引导者，要创新教学模式，着重培养学生的自主学习能力，发挥学生的积极主动性和学习研讨中的首创精神，从而帮助学生通过研究探索建构学习的意义和框架。教师既是学生前期建构的教学组织者，又是学生建构过程中的参与指导者，还是学生建构后期的总结评估者。因此，高校的教育资源应按学生的需求进行合理配置和使用，校园文化环境建设也应以学生为中心全面开展。建构主义教学观表现为学生知识的获得不只是通过教师的教学传授，更多的是学生在当前的社会和学习环境中，在教师或者同学的指引和帮助下，根据自身的思维体系和学习资源，通过意义建构的方式获取。

建构主义学习理论最早起源于瑞士的皮亚杰，他提出要从内、外两方面共同探讨研究儿童认知的发展过程，后续才将此拓展至人类在学习过程中的认知规律。总的来说，建构主义学习理论代表的是学生依靠在过往的学习生活中形成的思维观念，对现有的知识经验进行加工处理，由学生自主建构知识经验和知识体系的过程。教师利用情景、协作、会话等教学模式为学生创造更加适合的学习环境，对高校传统课堂的改革创新有着重要的引导作用。建构主义倡导的教学观，既确保了学生在教学活动中的主体地位，又强调了教师对教学环境的创建及教师在课程设置开展中的引导作用。要求教师及时更新自身的教育理念，利用情景教学等教学模式激发学生学习的兴趣，强化学生对知识的理解和掌握。

6. 建构主义学习理论与 Seminar 教学法结合的方法

（1）为学生创建学习情境

Seminar 教学法是以教师为组织者和引导者，通过为学生设置与课堂教学内容相关的主题，以此为目标，引导学生进行自主学习的一种教学模式。教师为学生提供学习所需的资源，如教学设备、学习用书与学习网站等，之后的调研开展完全由学生自主决定，研究的方向和范围由学生自主决定，教师为学生设定阶段性的目标，学生根据教学任务和教师设定的目标查阅整理资料，并且进行汇总整理。对于后期的汇报总结，教师也将为学生设置相应的情景课堂，根据学生探索的方向，为学生设置不同的模拟场景，通过互动式的汇报学习，积极促成集体思维的共建共享，不断拓宽学生的学习思路，使学生对崭新的知识形成新的认知和思想。

（2）强化学生之间的合作交流

Seminar 教学法中小组合作是高校经常采取的教学方式，除了教师设置的主题任务之外，小组内部也有明确的分工与合作，不仅可以确保每个学生都积极地参与教学活动，也能够使学生充分地展示自身的知识技能。在团队合作的过程中，有助于学生之间取长补短，学生既能够主动吸取借鉴其他学生的优秀经验，也能够全面发挥自身的优势，促进学生进步和发展，从而使学生的学习水平得以提升。这种互动交流式的合作模式会一直延续到课堂上，具有可持续性。在学生的课题汇报中，教师与其他同学的意见和建议也会被纳入教学活动，形成多方互动的教学氛围，填补学生知识建构过程中的不足之处，利用自由宽松的教学环境促成多元化思维的产生，既能强化学生之间的互相促进作用，也能促使学生不断打破并且重塑自身的思维模式和知识体系。

（3）加强教学成果的转化率

Seminar 教学法不仅有助于实现教师教学成果的转化，也能促进学生将理论与实践相结合，将学生的创新思维转变为实践成果，并在此过程中提升学生学习的自信心，促使学生以更强的动力投身于学习活动中。学生开展教学主题活动的探索是学生知识的初步建构，最终开展的成果汇报则直接体现了学生的学习过程和学生对知识的掌握与理解程度，也更深入地体现了教师的教学成果，能提高学生的学习效率。Seminar 教学法的最终阶段会引入对整体教学活动的评价与评估，其中包括学生的自我评价，使学生对教学任务与教学目标产生系统化的总结，有助于学生更加深入地理解所学知识，强化学生对知识的巩固程度，使教学成果初显成效。其中包括学生对小组内部的贡献及对小组整体表现的评价，明确学生在小组合作中的角色定位，提升学生的集体责任感，提升学生的团队合作意识和团队合作能力，促进小组汇报成果的进一步完善，促使教学成果逐渐积累。此外，学生还要对目前知识的意义建构做出评价，评价是否在原有的基础上取得了进步，是否经历了打破重塑或者补充完善的过程。在此基础上，教师应根据学生的表现给予一定的总结和评价，保证学生全面吸收课堂内容，促进教学成果的全面实现。

　　7. 社会互动理论

　　社会互动是指在一定的社会背景下，人与人以及人与群体之间产生的心理或者行为上的相互影响、相互作用的过程。主要表现为主体之间直接影响或者通过某种媒介间接交流，从而形成学习过程中的全人参与现象。社会互动理论包含建构主义理论和人本主义理论两部分内容，它将教师和学生及教学活动之间的联系看作教学过程中的重要元素。社会互动理论主要分为符号互动论、社会交换论和参照群体论三类。

　　（1）符号互动论。符号互动论以美国心理学家米德和库利为主要代表。他们认为人与人、人与群体之间的互动是以符号为媒介进行的，因此，要通过各方不断地协商、探讨、重塑知识的意义，并且从他人的评价中得到另一种提升自我认知的渠道，促使自身的综合素养提升。

　　（2）社会交换论。社会交换论体现的是人们的行为受到奖励或者惩罚的影响，奖励的方式能够促使学生认识到目前的学习行为是正确的，是需要坚持下去的，以增强学生学习的自信心，促使学生以更大的劲头开展研讨活动。惩戒的方式能够督促学生整改当前的不足，避免下次再犯同样的错误。恰当地运用奖励、惩罚等方式能够促使学生形成正确的思维观念，帮助学生朝着正确的方向前进。

　　（3）参照群体论。参照群体论主要是一种以一类特定群体为参照标准，根据这类群体的某个正向行为对学生的学习起到引导的作用，通过榜样的力量为学生指引正确的方向，从而纠正学生的错误意识，规范学生的学习行为。

8. 社会互动理论与 Seminar 教学法结合的方法

（1）创建宽松和谐的教学环境

Seminar 教学法需要的教学环境必须是自由轻松的，只有这样才能够促使学生更加自由、更加勇敢地表达自我。符号的媒介作用在 Seminar 教学法中能够对教学活动的开展起到良好的推动作用。首先，教师在为学生提供研讨的主题时可以采用新媒体技术和现代信息技术，为学生提供前期的课程导入资料，使学生对研究的课题产生初步的认识和了解，便于学生研究的开展；其次，学生在进行教研成果汇报的过程中也可以运用互联网技术进行结果展示，使教师和其他学生更加直观地了解其传达的想法和理念；最后，在 Seminar 教学法使用的过程中，不仅教师可以提出意见，而且学生之间也可以畅所欲言地表达自己的观点，教师在此过程中观察和记录学生的不同想法和意见，以便发现学生的问题，从而更好地帮助学生改正。

（2）增强学生的学习自信

Seminar 教学法主要是通过教师为学生确定研讨主题并设置阶段性的教学任务，学生以教学任务为目标开展实践活动，从而激发学生的好奇心。学生对教学目标的完成存在挑战的心理，在此情况下，教师应加以正确的引导，给予一定的精神奖励，如此能够满足学生在"升级"过程中的获得感，激励学生以更加饱满的状态投入学习研讨中，增强学生的学习自信，使学生产生强烈的学习欲望。另外，对于小组合作来说也有一定的促进作用，教师的正确引导和激励，能够激发学习小组的团队合作精神，从而促使小组与小组之间形成良性竞争，推动高校教育教学的顺利开展。

9. 人本主义学习理论

人本主义学习理论兴起于美国，强调要给予学生充足的空间，引导学生开展自主学习，既强调尊重学生的主体地位，也强调学生人格发展的重要性，最终促使学生的自我价值得到全面实现。

马斯洛和罗杰斯作为人本主义心理学的重要代表人物，对人本主义教育理论的发展起着至关重要的作用。该理论更注重强调人的尊严与人自身的创造力。马斯洛认为每个人的需求和动机不同，那么在实现动机的过程中使用的方法和途径也就不同。换言之，每个人都是独特的人，自我需求与自我动机的实现都有其独特的模式和规律，不能一概而论，因此人们在实现自我目标的过程中应遵循自我的本心。罗杰斯强调教育的最终目的是自我实现，认为人是在不断的自我肯定及自我发展的前提下形成完整的自我意识的。罗杰斯提出了自由学习和以学生为中心的教育观念，对当今时代的高等教育仍然具有重要意义。其主要观点是促进学生的全面发展，认为不仅要培养学生的知识技能，而且着重提出要培养学生健康的精神和心理，促进学生的全面成长，使学生能够根据自我的需求激发学习的潜力，学会如何学习，探索适合自身的学习方式。

人本主义学习理论强调发挥学生的自主学习能力，促使学生成为一个具有个性化特征、具备独立自主能力、能够随机应变及适应性逐步增强的"完人"，这与当今高校的教育任务和教育目标不谋而合。教师应鼓励学生多开展社会实践活动，激励学生更多地、自主地参加学校的教学研讨活动，从而不断地探索适合自身发展的学习方式，培养学生逐渐形成独特的思想理念与更加系统化的学习体系，促使学生更加全面地发挥自身的创造力。教师作为引导者和组织者，对学生的学习应起到锦上添花的作用，教会学生怎样学习，促使学生的知识技能、实践技能、合作能力与表达交流能力等实现质的提升。

10. 人本主义学习理论与 Seminar 教学法结合的方法

（1）创建自主学习的学习氛围

自主学习的学习氛围和良好的学习环境是由教师和学生共同打造的，也是学生获取知识、实现自我发展的重要因素。Seminar 教学法是以学生为主体、教师起辅助作用的教学模式，该教学法为学生创造了良好的自主学习的学习环境，有助于培养学生的独立性。教师应更多采用启发式教学，因此在教学过程中教师教学资源的选取和利用及教师课堂环境的营造和课后对学生学习的动态追踪都将促进 Seminar 教学法得到最大化的使用。教师借助最真实、最有用的知识内容为学生做好课堂导入，促使学生更好地理解教学目标和教研主题，帮助学生更好地开展自主调研活动。

在 Seminar 教学法中，学生前期的自主查询过程是人本主义教学理论的重要体现，学生中期的汇报过程也能集中体现轻松愉快的教学氛围。学生在汇报教学主题任务时，就汇报中的问题与师生展开讨论，不仅能够激发学生产生新的想法，而且有助于学生的思维朝着更加广泛的方向发展，促使学生真正爱上学习，提升学生参与教学任务的积极性。

（2）符合学生成长规律

每个学生都是独一无二的存在，每个学生也都具有自身的发展特点，高校人才培养计划不仅要促进学生的全面发展，而且要将学生的优点发扬光大，促进学生的个性化发展。因此，在使用 Seminar 教学法的过程中，教师应更加注重发现学生的不同学习动机，促使学生在研究教学主题的过程中能够根据自身的需求更加主动地投入学习中。学生应根据教师确定的教学任务，确定研究的方向和方法，从而形成更具特色的想法和成果。因此，学生要依据自身的成长规律形成更加适合自身发展的学习模式和学习方法，这有助于进一步强化学生的学习动机，激发学生学习的内在动力。长此以往，就能够培养学生在其他方面的自主意识和独立思考的能力，健全学生的人格体系，促使学生形成与自身发展相符合的人生规划。

（3）构建良好师生关系

教学效果的呈现不仅是依靠教师的教学模式和学生自身的努力，而且师生之间的关系也是影响教学质量的一大因素。Seminar 教学法营造的是宽松的教学环境，有助于教师和学生之间建立和谐融洽的师生关系。教师与学生之间是平等的交流关系，学生敢于向教师展示自身的研究成果，教师要留给学生足够表达自我的时间，并且以倾听者的身份倾听学生的表达。以学生调研过程中遇到的问题和学生的思考为切入点，师生之间进行的和平探讨有助于打破学生心中原有的教师高高在上的形象，学生会更乐于阐述自己的观点，从而能够使教师更加清晰、更加深入地了解学生内心真实的想法，帮助学生解决难题、厘清思路，促进学生综合能力的提升。

直到 20 世纪 80 年代中期，我国仍以句型法教学为主来进行日语教学，这主要是以句型为引导，加强学生的理解和记忆。通过多种方式不断地帮助学生练习日语句型结构，将不同的单词反复地套入句型中，以此增强学生的记忆，促使学生形成思维惯性。这是一种教师和学生较易接受的教学方法。由于其存在机械化教学的倾向，不利于学生主体地位的巩固，也不能促使学生灵活掌握和运用所学知识，更不利于学生发挥自身的主观能动性。教师应在今后的教学过程中以此为基础进行补充、扩大运用，教会学生在不同的场合、不同的情景对句型的不同形式进行训练，提升学生的随机应变能力和自主思考能力，也能使句型法得到较好运用。

认知教学法最早产生于 20 世纪 60 年代，是最早将学生的学习纳入研究内容的教学方法。一方面，强调教师在讲解新知识的过程中应将原有相关联的知识加以巩固带入，增强学生对新知识的理解，以及强化学生对原有知识的巩固，加强学生对知识整体连贯性的掌握。另一方面，强调教师要采用发现式教育方法。要对知识进行归纳总结，并且用恰当合适的方式促使学生深刻地理解所学知识，启发学生的学习自主性，使学生自己探索学习规律。认知教学法将主体地位还给学生，促使学生掌握学习记忆的方法，激发学生的兴趣。因此，认知教学法本质上也适用于现代日语教学，它能够正确划定教师与学生的职责，推动教学方式的变革。

多种教学模式并存的教学方式自 20 世纪 80 年代以来被沿用至今。Seminar 教学法就是日语教学多种教学模式中极为有效的一种。其主要的教学理念从教会学生知识转为教会学生学习，以教师为中心转为以学生为中心，注重学生的个性化培养，重视学生的综合素养，等等。总的来说，Seminar 教学法更加注重学生向多元化的方向发展，从而促使教学方式更加满足时代和社会的要求。

第二节　Seminar教学法在日语教学中的应用探索

一、Seminar教学法在我国教学中的应用

Seminar 教学法在我国高校中主要分为课程类和研讨类两种教学模式。

Seminar 课程教学法主要是针对各领域专业课程设置的，由教师根据学生的兴趣爱好，并且结合本门课程的教学内容进行科学合理的课程安排，为学生提出课程研究的主题，促使学生充分发挥自身的主观能动性，针对教师给予的主题方向自主查阅资料、搜集与主题相关的所有课程信息，根据教学目标和教学任务对搜集到的资料进行归纳总结，并将汇总的最终结果在课堂上进行公开汇报展示。教师作为课程教学的引导者，一方面引导学生顺利开展课程内容的展示；另一方面针对学生在调查研究中的不足给予专业的教学支撑，以及及时纠正学生主题研究过程中的偏差。在整体课程设置中，教师为学生之间的互动交流预留了足够的时间，学生之间的思维碰撞更有利于产生更多的创新式想法，促使课堂教学效果得到最大程度的发挥。Seminar 研讨教学法的应用范围更加宽泛，对学生的论文汇报与会议开展等都有涉及。Seminar 研讨教学法相对来说更加自由，也更具学术性。该法主要在于教师为学生组织一场专门的有针对性的教研活动，教师根据教学计划安排，定期为学生举办交流与探讨的研讨活动，利用 Seminar 研讨教学法，针对学生近期的论文开展情况及学生参与教学过程中遇到的难题等进行学术研讨活动，帮助学生解决学习中的困惑，促进学生与学生之间及师生之间的交流，构建良好的师生关系，营造和谐融洽的教学氛围。

Seminar 教学法的另一种分类方式是根据学生的不同水平和不同年级进行划分，主要分为初级、中级、高级三个阶段。初级 Seminar 教学法主要应用于基础教学阶段，以满足学生的日语基础课程安排。对于高校学生来说，初级 Seminar 教学法主要运用在本科学生的基础课程设置中，主要应用于教材中的某一个章节或者教材中的某一个问题。教师将问题或者重点章节的内容传达给学生，并将可以查询的资料和渠道作为参考意见告知学生，再由学生进行自主查阅和学习，最终形成完整的汇报内容进行课堂展示，教师负责学生汇报过程中或者汇报结束后的答疑总结工作。此过程能够提升学生学习的主动性，使学生更加深入地了解专业知识，为学生的学习夯实基础。中级 Seminar 教学法主要运用于研究生的专业学习阶段。在此阶段，教师选取的研讨范围更为广泛，更具研究性。学生在查询资料的过程中需要参考阅读大量的文献，以保证汇报的完整性，也需要根据多方

面的教学资源填充汇报成果，确保最终结果的质量，并且要花费较长的时间进行
汇报，以及留够充足的时间用于学术研讨。在此过程中，学生不仅能够深入理解
专业知识，而且能够提升灵活运用知识的能力。高级 Seminar 教学法主要运用于
研究生的学术研讨会与专题研讨会，针对学生在学术上的难点开展交流讨论，帮
助学生提升学术水平。

二、Seminar教学法在我国高校日语教学中的实践

1. 前期准备

我国高校日语课程教学根据不同的年级与学生的不同水平选取不同类型的教
材。在正式课程开始之前，教师需要根据使用的教材制定相应的教学目标和教学
任务，为学生拟定合适的 Seminar 教学主题，并且要告知学生具体的操作流程，
包括时间的安排、阶段性的教学任务、汇报的形式、教学资源的使用及考核的标
准。教师首先要将汇报的场景与学生需要用到的多媒体等现代化工具准备好，然
后根据学生的个人发展和不同特点，结合学生自身的想法，实施分组工作。经过
组内成员的推选，设置好每组的组长，由组长负责组内的具体分工与后续的沟通
协调工作。如学习"基础日语"这门课程，教师在讲解某一章节的具体文本和会
话的过程中，不仅要求学生阅读理解本章节的内容，而且要引导学生对本章节背
后涉及的人文历史等方面进行学习和了解。根据学生的分组情况，引导学生积极
开展资料的查询、收集及整理工作。

2. 自主搜索查询

学生开展自主查询是学生自主能力的重要体现。教师为学生提供的教学资源
可以作为学生查询过程中的重要参考，帮助学生运用更多的方式和更多的途径获
取更为丰富的主题资料。组长根据教师的主题任务和阶段任务对小组成员进行分
工，确保每个成员都能为团队合作做出贡献，也确保每个成员都能在小组合作的
过程中提升自身的日语知识能力和日语表达水平。教师在此过程中要做好引导工
作，帮助学生解决教学资源的获取问题，指导学生对汇报内容进行整理和完善，
并且要对学生的整体学习进度起到监督和推动作用，及时了解学生的调查研究进
度，使学生在限定的时间内完成小组课题的研究工作。另外，教师在此过程中也

要对每一个小组成员的研究内容进行全面掌握，确保在后续的汇报过程中能够对学生的汇报成果提出指导性、建设性的意见。此过程是对教师专业水平和专业能力的考验，也是对学生自控能力和团队意识的考验。

3. 课程汇报过程

教师为学生设置好主题课程汇报的课堂场景，并为学生安排好汇报的顺序和流程等，确保学生能够顺利进行成果汇报工作。教师要为学生做简单的课程导入，向学生展示课程内容的背景资料等，以保证学生接下来汇报工作的自主性和独立性，教师在课程导入环节不要发表个人的观点和看法，以保证学生能够完全按照研究探索的内容展示给大家。随后学生小组选派代表或者由教师随机抽选学生上台做主题报告，学生为班级其他小组和教师准备一份纸质版讲解材料，小组的学生代表以 PPT（Power Point 的简称，演示文稿）的形式开展汇报演讲，其中可以穿插视频资料或者图片资料加以辅助展示，尽量鼓励学生全程用日语进行讲解和展示，为学生营造日语情景氛围，加强学生对日语语言知识的理解。这种方式能够充分展现学生探索内容的广度和深度，也能体现学生在研究过程中的付出程度，学生在汇报完成后等待教师和其他学生的提问。教师在此过程中要做好倾听工作，对学生暴露的问题加以详细记录，便于针对学生的不足之处予以补充。其他学生也要做好记录工作，将自己不懂的地方及感兴趣的地方做上标记，随后根据记录的内容提出自己的看法。

在此过程中，由于学生之间的差异性和学生思维的个性化，学生之间会产生思想碰撞，学生对同一个问题也将产生不一样的观点和看法，赋予主题内容不一样的理解和见解。这有利于学生之间互相交流借鉴，能够促使学生更好地学习日语，使学生的思维进一步发散，使学生的想象力得到前所未有的释放，从而使课堂氛围更加活跃，提升日语教学的课堂质量。

4. 课堂讨论环节

在所有的学生完成课堂汇报后，进入课堂讨论环节，教师规定具体讨论的时间，并留出充足的时间让学生开展内容讨论。全体学生就小组发表的成果开展询问，并提出自己不同的意见和看法，由小组成员就学生的问题进行回答，此过程能够加强学生与学生之间的互动和交流，学生之间的思维也能够发生碰撞，很容易促使学生产生不一样的想法和观点，也能够促使学生对问题产生不一样的理解，从而丰富学生的思想，使学生的课堂体验效果更好。课堂讨论也有助于教师对学生的情况进行初步的摸底和掌握。

教师在此过程中主要起到组织、引导的作用，通过梳理安排课程设置的流程，使学生有序开展汇报讨论工作。另外，教师也要将学生在此过程中出现的问题和学生的表现记录下来，随时关注学生的动态，方便后续对学生进行教育与指导。教师要通过气氛调节不断推进课程，提升学生对课程的关注度和注意力，使学生在轻松的教学氛围下参与教学活动，也能使学生的思维得到充分的发散，使学生接纳不同的学术观点，不断锻炼学生的学习能力，使学生在短时间内实现质的提升。教师的参与不仅体现在对学生的提问做出回答，而且体现在从专业的角度对学生的汇报提出疑问，引导学生从多角度思考，使学生的讨论范围进一步扩大，进而推动课堂氛围更加活跃。在学生汇报的过程中尽可能地为学生营造日语环境，学生的提问与教师的总结最好用日语表达，使学生尽可能地投入教学情境中，从而促使学生的日语语言能力真正得到提升。

5. 总结点评环节

在课堂讨论结束之后，教师要对学生的课堂表现进行总结点评工作。点评内容主要包括学生的课程汇报内容、学生的交流表达技巧、学生与其他人之间的互动及学生对课程节奏的把控等，通过教师的点评促使学生认识自身的不足，从而有针对性地进行整改和完善，促进之后的课程教学的顺利开展，也能够使学生的学习能力得到进一步提升。教师要对教学内容进行及时补充，对学生未能涉及的内容加以说明，使学生的日语语言学习更具系统性和科学性，也能够使学生的课程学习更加完整。教师在总结的过程中还要为学生的学习提供更多参考性的意见和建议，包括学生在自主查询资料过程中的查询工具、资源获取平台等，以帮助学生更快地查阅资料、搜集资料，使学生的学习时间得到合理利用。

教学评价过程不仅是以教师为主体开展汇报成果的评价，而且包括自评、互评、点评和总结。首先，学生对自身及小组的汇报表现进行自评。充分尊重学生的主体地位，促使学生对自身的日语语言学习情况进行总结和点评，提升自我认识，提高学生在日语学习过程中的反思性，使学生不断地完善自身的不足，对下一个阶段的学习起到更好的补充和完善作用。其次，通过学生之间的互评，学生更容易了解同龄人的想法和思维模式，因此可以从学生的角度提出观点和看法，一方面拓宽了点评学生的日语知识掌握范围；另一方面使被点评学生的视野更加开阔，能加强课堂内部生生之间的交流和互动，促使学生之间的联系不断增强，学生之间的情谊也会因此变得更加深厚。最后，教师进行全面的评价和总结。针对学生的学习研究整体过程进行全面系统性的评价，确保将学生的动态学习过程在教师的教学评价总结中展示出来。一方面，教师要根据学生的课前准备、课中展示、辅助工具的使用和书面资料的准备情况对学生进行评定打分，对于学生研究过程中的优点及可取之处也要采取表扬夸赞的方式，为学生树立自信心，这也能够促使其他学生学习借鉴优秀的学习方法，从而促使全班学生的学习能力和学习兴趣实现提升。对于学生在研究探索过程中的不足之处，教师要及时地以更加温和的方式指出，使学生从教师提供的角度分析自身的不足之处，并对当前学习过程进行梳理和归纳，从而形成崭新的更具系统性的学习研究体系。另一方面，教师要对全班学生的调查研究、课堂表现及汇报成果进行全面的归纳总结，将本次教学活动中班级的整体表现和班级氛围融入最终的总结和归纳中，使学生以多角度的思维开展教学活动，培养学生的集体荣誉感，推动学生的全面进步和综合素质的全面提升。

总结点评环节是 Seminar 教学法运用过程中至关重要的组成部分，主要是促使学生对本次教学活动形成学习反思，使学生在反思中不断优化自我，实现自身学习能力的提升。该环节能够促使学生养成倾听他人表达的好习惯，培养学生的人际交往能力和情感表达能力。学生的学习思维也能够在教学点评的过程中得到拓宽，进而产生新的学习思维模式，激发学生的创新意识。

6.考核成绩评定

考核成绩的评定是检验 Seminar 教学法教学成果的重要方式。在考核评定的过程中要摒弃原有的依靠期末成绩作为最终成绩的考核方式，要加强对学生学习过程的考核和监督，因此在 Seminar 教学法应用中，将学生的表现得分按比例融入学生的考试成绩中，不仅能够充分记录学生的学习过程，加强对学生学习全过程的监督，促使学生提高学习意识及对教学过程参与的重视度，使学生摒弃在期末考试前"临时抱佛脚"的不良习惯，也能够提高教学成果和课堂教学质量。考试评定引入 Seminar 教学法中学生的成绩是健全高校教学评估体系的关键要素。对学生的考核不再以单纯的考试成绩作为最终定论，使学生更加注重平时的学习积累，促使学生以更加积极的心态和更高的注意力参与教学活动，使学生深入学习日语语言知识，强化学生的日语语言实践能力。此外，也有助于教师综合素养的提升，促使教师重视每一次的教学活动，在课程开展之前深入了解学生的学习特点和发展情况，对学生的调查研究过程加以详细的记录和评定，在此过程中也使教师的专业学术水平得到提升，促使教师的教学知识更加扎实，有助于教师随后的教学点评工作。对于学生的课堂表现，包括学生的书面材料准备及展示效果和学生的课堂笔记等开展观察记录工作，有利于教师对课程安排和教学模式的运用进行反思，从而使日语课堂教学体系进一步完善，使课堂教学效果得到较好的展示和发挥。教师要求学生将研究成果形成纸质版与电子版两种形式，并且安排学生将课题开展中的资料和最终的 PPT、视频等电子材料进行备份，其中一份交给教师。教师对学生上交的资料进行登记、保存，并将此作为学生成绩的重要参考依据，教师根据学生的整体表现，结合学生的试卷成绩为学生做出最终的成绩评定。

三、Seminar教学模式在日语教学中的价值意蕴

1. 提升学习热情，培养自主能力

Seminar 教学法与日语教学相结合，是提升学生学习热情的有效方式。学生对日语语言的学习兴趣和学习热情是日语学习的重要动力，利用 Seminar 教学法开展日语教学有助于提升学生的学习热情，促使学生更加主动、更加积极地参与日语教学活动。一方面，教师根据授课内容为学生确定本次课程教学主题，剩下大部分时间主要由学生自己把控。为了汇报成果的展示，学生选择主动查阅资料、

整理资料。在此过程中，学生可通过获取大量的资料来填充课题研究内容，使课堂的展示成果更加完善。学生通过自己熟悉的信息获取渠道将有用的及感兴趣的内容融入课题研究中，形成具有学生个人色彩及小组风格的课题总结，推动学生的个性化发展，使学生的个人魅力得到彰显。另一方面，学生可以在课前自主查阅信息，并且根据自身的思维体系形成完整的课题报告。在此过程中，学生会遇到资料查找困难及小组合作不畅等情况，学生可以依靠自身的能力解决当前的障碍，在解决困难的过程中还能够提升学生的独立自主能力，并在面临新问题时可以沉着冷静地予以分析和解决。自主查阅有利于学生养成阅读课外图书的好习惯，培养学生的互联网思维，让学生更加熟练地运用数字化技术开展学习活动。将学习的主动权交给学生，改变学生在以往的日语语言学习过程中被动学习的现象，加深学生对所学知识的印象，提高学生日语学习效率。日语语言教学利用传统的教学模式容易使学生失去学习的兴趣，尤其是针对单词与语法的学习，程序式的教学方法导致学生的学习变得更加被动，使学生对日语学习的兴趣逐渐降低。Seminar 教学法为学生提供了更加灵活的教学方式，学生可以根据自己感兴趣的方式进行课题的整理和总结，也可以根据自己的兴趣选择情景模拟等方式进行成果汇报和展示，学生是学习的主人，也是学习内容的填充者和教学活动的主导者。

2. 有利于互动交流，培养独特思维模式

Seminar 教学法与日语教学课程的融合也是推动日语教学中师生与生生之间互动交流的重要渠道。在 Seminar 教学法中，学生和教师都是学习的重要参与者，通过教师与学生两个主体之间的相互交流开展日语教学活动，从而营造一种更加自由的教学环境与更加和谐的师生关系，这将极大地推动教师与学生之间的良性互动，促使交流互动变得更加有意义。教师通过引导的方式鼓励学生参与日语学习的讨论和交流，增强学生参与教学活动与集体活动的信心，促使学生勇敢地表达自我、展现自我。一方面，师生之间的互动更加频繁。教师为学生准备教学材料和课题内容，学生进行自主阅读和思考。教师通过线上的方式将课题主题及附带的资料传给学生，学生与教师形成线上初步互动，随后学生可以将课题研究过程中遇到的难题和不懂之处及时通过线上社交软件或者线下面对面的方式向教师请教，教师可以为学生提供参考性的意见，在此过程中，也能加深教师与学生在学术上的交流和探讨，促使学生进一步巩固自身的课题观点。另一方面，学生与学生之间的交流更加活跃。部分大学生在进入大学之后，人际交往能力反而呈现下降的趋势，除了与舍友之间的交流外，其他的交流活动甚少，甚至与班级内部学生之间基本无接触、无交流。Seminar教学法有助于学生之间对学习内容的交流，也有助于促进学生之间的情感交流，提升学生对学校的归属感和情感上的满足感。课堂的互动讨论环节，学生之间就问题展开讨论和答疑，这一过程可以充分展示不同学生的不同思维方式及对材料的不同理解，促使学生积极地考虑其他同学的想法和观点，使学生对课堂问题和教学内容的理解更加深入和全面。在此过程中，不仅学生的学习思维得到开发，教师也能够从学生的表达中汲取优秀的思想来强化自身的知识储备，从而对学生和教师的思维模式产生更加积极的启发作用。

3. 提升高校的育人能力，提高师生的日语综合能力

随着国家教育改革的推进，高校应深刻贯彻落实立德树人的教育目标和教学任务，将学生的素质教育作为高校教学计划中的灵魂和主线来指导教学活动的开展。Seminar教学法与日语教学的融合发展，有利于高校对学生综合素质的培养。首先是帮助提升学生的自主规划能力。学生根据教师提供的教学课题与课题安排，在规定的时间内有计划地、合理地制定课题时间安排表，有助于增强学生的组织计划能力，促使学生按照计划高效地管理和利用自己的学习时间，提升学生的自律意识。其次是提升学生的自我监督管理能力。为了在有限的时间内完成日语教学课题，激励学生进行自我监督，学生要根据课题准备的进度和教师提供的时间进行自我监督，促使学生利用合适的学习方法完成每阶段的学习任务，从而有助于学生实现自我管理。再次是帮助学生建立学习体系。学生通过前期的调查和中期的成果汇报及后期的总结评估，可以构建一套与自身发展相适应的学习体系，有助于学生更加有序地参与日语教学活动，促使学生在每次教学活动结束后都能获得不一样的学习体验，逐步提升学生的学习能力，这也是高校育人能力提升的重要体现。最后是学生的能力得到强化，教师的综合素养和教学能力得到提升。Seminar教学法的引入能够更新教师的教学理念，促使教师学习先进的教学方法，

强化教师的职业道德素养。教师在使用 Seminar 教学法进行日语语言教学时，不仅要增强对新时代日语语言发展的研究，将最新的日语知识传输给学生，还要从多角度为学生解决学习过程中的难题，增强学生对教师的信任。教师在教学中也要提升自身的思想道德水平，并将思想教育融入日语教学中，这更有助于提高教师的综合素养。在 Seminar 教学法中，教师对新媒体平台等教学工具和教学载体的利用，能够提升教师的互联网素养和现代化思想，促使教师的教学思维更好地与学生的学习思维接轨，这也是教师教学水平提升的重要因素。

4. 有利于提高教学效果，营造良好的教学氛围

Seminar 教学法在日语教学中的运用，能够促使课堂教学氛围更加融洽，提高课堂教学效果。原有的以教师为主体的教学方法，均以教师的教育灌输为主，以致学生在课堂上的发言机会较少，而教师采用的满堂灌的教学模式也导致学生学习的积极性大大下降。在传统的教学模式下，学生对教学内容不关注、不重视，甚至教师授课完成后学生毫无收获。教师通过引入 Seminar 教学法能够很好地改变课堂的沉闷现象，促使学生积极地参与教师的日语课程设置，增强学生的课堂主人翁意识，使学生在课堂上勇于表达自己对课题的理解。Seminar 教学法与日语教学的融合使用能够成为教师与学生及学生与学生之间的沟通桥梁，学生可以充分地展示自己对知识的理解，充分表达对其他观点的质疑。教师则完全尊重学生的学习过程和表达方式，不再为学生制定条条框框的限制性条件，仅仅是引导学生参与课程设置，并对学生的表现进行总结、评估和考核。基于此种情况的课程设置能够促使课程开展中的所有主体和元素都实现高度融合，营造更加和谐的课堂教学氛围，学生也会更加期待教师的每次日语教学活动，对于教师来说也是一种肯定和激励，教师也将不断丰富教学内容，从而达到良好的教学效果。

5. 有利于打破教学屏障，加深语言背景学习

在日语的学习上，学生需要对日本的文化背景与政治经济等方面有一定的了解，才能够提升自身在实际应用中的灵活度和熟练性。语言不仅是交流沟通的工具，而且是国家与国家之间进行文化交流的重要载体，也是两国之间进行经济贸易交流的重要手段，语言承载着情感的交流和认知的理解。因此在日语教学

中，教师不能单单讲解单词和语法，这样不利于学生对日语的深入理解和日后的熟练运用。Seminar 教学法的使用，有助于弥补教师授课时间不足的问题，促使学生利用课余时间加深对日语文化背景的了解。教师可以为学生提供一些能够提升日语学习能力的图书，以便学生进行知识的补充和学习，从而使学生得以全面地了解日语的发展历程及日本文化因素对日语发展的影响，在学生了解日本经济、文化发展状况的同时，提升学生的日语实践运用能力。学生在日语运用时可以充分理解对方表达中所蕴含的意义，避免学生因不了解对方的文化习俗而造成误会，避免语言在使用过程中产生摩擦，提高学生对语言使用的敏感度。

6. 有利于完善日语教学体系，营造校园学习氛围

Seminar 教学法的使用能够促进我国高校日语教学体系的进一步完善。首先，高校在教学计划中引入 Seminar 教学法等多元化的教学模式，能够促使日语教学以更加生动、更加有效的方式进行。在课程开展中尽量鼓励学生使用日语进行交流和成果汇报，为学生营造语言学习的情境氛围。学生在进行资料搜集和小组探讨合作中也要尽可能地使用日语交流，这可以提升学生对日常日语的使用率，锻炼学生的表达能力。其次，Seminar 教学法的使用可以实现高校教学资源的合理配置和利用。为配合 Seminar 教学法的使用，高校需加强对教学设备的更新换代及资源共享平台的搭建和优化，促进高校加大对日语教学资源的投入力度，从而使教师可以更加顺利地开展教学活动，学生也能够更加快捷地获取学习资源。在此过程中，教师的教学素质和学生的学习能力都可以得到提升，有助于教学体系的优化和完善，促使教师与学生以更高的热情投入教育教学中。最后，有助于完善日语教学评估体系，引起高校对学生学习过程的重视。将学生在日语学习中的阶段性表现纳入评估考核中，促使日语教学的评估体系更加完善，有助于为学生建立动态化的管理机制，将学生在 Seminar 教学法中的表现与学生的考试成绩及时上传到学生的电子档案中，使教师对学生的学习情况形成全面的了解和掌握，不仅有助于教师教学计划的修改，也有助于日语教学以更适合学生学习特点的形式开展。

7. 有利于培养学生的综合素养，推进国家人才培养进程

Seminar 教学法与日语教学的深度融合，促使学生在提升日语语言能力的同时实现综合素养的提高，这与国家的人才培养计划是相适应的。随着经济全球化，单一型的语言类人才需求已经不能满足国家和社会对日语人才的需求，复合型的高质量人才在市场中的需求量逐年增加，学生需要在日语交流环境中完成社会对专业领域的学术要求，需要具有场景的灵活应变能力，能够独立自主地处理多种多样的突发状况。Seminar 教学法在应用的过程中潜移默化地提升了学生的综合能力，促进学生以多样化、全面化的形式开展日语学习，这既有助于提升学生在就业市场上的竞争力，也有助于弥补当前复合型日语人才的缺口。一方面，学生通过了解与学习日语的文化背景，增强自身的日语知识储备，并将此作为课题研究归纳总结的基础，提炼最终观点，在课堂中进行展示汇报可以促使学生日语使用技能的提升，也能够增强学生的人际交往能力，这将是学生在日后工作中被看重的工作能力。另一方面，Seminar 教学法更加强调学生之间的合作，考验学生在团队中的配合能力与组长的领导组织能力，能够提升学生的团队合作能力和学生的集体意识。课题的最终汇报还需要小组成员之间互相协调、分工合作，每个成员都要尽自身最大的努力配合小组工作，使课题成果汇报更加全面和完整，也需要小组成员考虑课题研究的整体进度，从而合理地规划时间，积极参与小组的课题讨论和研究，对自身的任务与小组学习负起责任，与小组成员的合作方式可以强化学生在小组合作中学会分享、交流，从而培养学生的团队合作精神，促使学生在日后的工作中也能够以大局为重，培养学生的宏观意识，还可以促使学生将这种意识运用到日语的使用中，从而更好地满足国家人才培养战略的实施。

第三节　Seminar教学法在日语教学中应用的反思

一、Seminar教学法在日语教学应用中存在的问题

1.学生角色转变困难，教师思维模式落后

Seminar 教学法在日语教学运用中也存在一些挑战和不足之处，在 Seminar 教学法使用的初期，学生由于受到传统教学模式的影响，短期之内难以转变自身的学习习惯，大多数学生沿袭以往的学习方式，难以将自身学习的主体地位树立起来。一方面表现为在资料的搜集和查询过程中更加依赖教师，在遇到问题的情况下直接向教师寻求帮助，未能发挥自身的主观能动性，不利于发挥 Seminar 教学法在日语教学中的应用，也不利于培养学生独立自主的学习能力，学生的思维更不能得到进一步的发散；另一方面体现在教师的教学理念较为落后，未能将 Seminar 教学法很好地与日语教学内容实现融合，教师已经习惯了言传身教的教学模式，也习惯了作为课堂教学的主体开展日语教学活动。因此，教师在使用 Seminar 教学法的过程中容易出现使用频率不高的现象，部分教师的教学能力和业务素养不能满足 Seminar 教学法的全面使用要求，教师未能很好地转变为日语教学的组织者、引导者和促进者，因此造成 Seminar 教学法与日语教学的融合程度不高，教师难以形成具有自己特色的教学风格，学生的日语语言技能也难以得到实质性的提升。

2.与专业融合度较低，教学比例安排不合理

我国高校日语语言的学习不仅包含日语专业学生的专业学习，而且涉及其他专业学生的选修课程及外语专业学生的第二外语课程，因此在使用 Seminar 教学法开展日语教学的过程中也应考虑各专业学生涉及的不同领域，从而根据学生的专业特点开展针对性的 Seminar 日语教学。目前，在使用 Seminar 教学法开展日语教学的活动中，与高校各专业的结合程度较低，未能根据不同年级与不同专业的学生进行形式多样的日语语言教学，将学生的专业发展与未来的就业倾向更好

地融入 Seminar 教学法的使用中，这就导致专业性较强的学生对所学的日语知识实用性较差，学生学习的积极性较低，对教师日语教学内容的理解不够深入，从而使课堂教学内容与学生社会实践运用出现偏差，更不利于学生综合技能的培养和提升。此外，Seminar 教学法还涉及专业性教学和研究性教学等方面，目前教师对教学比例的安排及教学时间的分配不够合理，导致课堂的理论教学占用的时间较长，学生的专业实践技能得不到有效提升。

3. 校企融合程度较低，学生缺乏实践锻炼

企业作为高等教育的重要主体，应积极参与高校学生的教育教学活动。日语是一门实用性很强的课程，依靠教师的教学活动难以全面地提升学生的专业水平，也未能检验 Seminar 教学法在日语教学中的成效。目前，部分企业缺乏社会责任意识，对高校日语教学的参与度较低：一方面体现在未能参与教师 Seminar 教学法的课程设置，包括前期课题的选择、学生获取教学资源的途径、中期课题的展示汇报过程及后期的日语教学评估过程，这就容易导致教师的课程设置、教学内容与企业的实际需求不相符，学生难以接触到新时代日语最新用人需求，既不利于日后学生就业竞争力的提升，也不利于教师教学活动的开展；另一方面体现在企业未能向不同专业的学生提供相关日语岗位的实践机会，学生在课堂中的课题成果汇报对学生的帮助毕竟是有限的，只有参与更多的企业实践活动才能提升学生的综合能力，也是检验学生掌握的理论知识及教师采用 Seminar 教学法是否有效的重要途径。

4. 考核评估体系不健全，学生学习动力不足

使用 Seminar 教学法开展日语教学活动，考核评估体系的建立健全是非常重要的。我国对于 Seminar 教学法在日语教学中的运用尚处于摸索前进阶段，在使用过程中对学生的考评机制尚未建立。首先，未能将学生参与 Seminar 教学法的动态学习过程纳入教学考评，未能根据各个阶段进行考核评估的细致划分，仅仅将成果汇报作为考核评估的最终结果，忽视学生每个阶段的表现及学生不同模块能力的展示。其次，评价主体不够多元化，单纯依靠教师的主观评价而未能从学生的角度给予不同的意见，也无法体现学生的课堂主体地位，从而不利于评价形

式的多样化发展。最后，评价环境单一化，仅仅依靠校内的评价难以对学生实现动态监督，也未能达到长效化的教学效果，忽视了社会及家庭方面的引入，不利于对学生产生持续的教学影响。

5. 课堂主线不够明确，课堂氛围难以把控

由于部分高校教师对 Seminar 教学法使用不够熟练，导致在开展课题汇报和讨论环节出现课题主题跑偏、课堂主线不明及课堂氛围难以正确把控的现象。另外，学生对此类教学模式还比较陌生，难以很快地融入教学中，可能出现畏惧发言、汇报思路不清晰、表达不流畅等状况，导致课程进度受影响，教师的日语教学任务难以在有限的时间内完成。当然，也会发生学生在讨论中情绪过于饱满，学生的思维得到释放后讨论偏题的现象，这也是影响日语教学顺利开展的重要因素，课堂的主线偏离主题也会导致课程的整体进度受到影响，教师设置的流程难以正常进行。

6. 高校重视程度不够，教学改革动力不足

高校对日语教学改革的重视程度不够，导致 Seminar 教学法改革难以全面推进。对于日语教学中 Seminar 教学法的使用，未能根据学生的成长规律、发展特点，以及学生的年级和专业为学生制订科学合理的 Seminar 日语教学计划和选取合适的 Seminar 日语教学课程，这也导致教师在使用 Seminar 教学法开展日语教学的过程中教学内容不够细化、专业针对性不强，对课题的选择产生困难的问题出现，教师课前准备工作不足，不利于后续日语教学内容的进一步开展。此外，高校对 Seminar 教学法应用中的机器设备的投入资金较少，新媒体设备的缺乏使教师在课堂教学中难以展示重难点内容，也无法营造良好的教学氛围、提升学生学习兴趣。高校对数字化技术的使用不足，使学生的资源获取和资料查询受到影响，教师的优秀教学模式和教学内容未能得到及时上传和保存，不利于优秀教师之间教学经验的相互借鉴和学习。

二、Seminar教学法在日语教学中应用的反思

1. 确保学生主体地位，发挥教师引导作用

为了使 Seminar 教学法在日语教学中发挥积极的作用，必须确保学生的主体地位，发挥教师在此过程中的主导作用。教师要充分尊重学生的主体地位，给予学生足够的时间和空间来发挥主观能动性，使学生以更加积极乐观的心态对待日语学习。首先，教师在选择日语课题的过程中要秉承以学生为主的教学理念，对日语教学内容进行宏观上的整体把控，根据学生当前的学习状况，既要为学生设置科学合理的课题，也要为学生提供可供参考的教学资源，真正做到因材施教。另外，教师要根据学生的年级层次为学生设置 Seminar 教学课程，对于低年级的学生可采取理论课题为主的教学方式，促使学生在此过程中不断积累日语语言文化方面的知识，增加对日语知识的深度了解；对于高年级的学生可以选择专业性和探究性的教学内容，促使学生在 Seminar 日语教学中实现专业技能的提高和学术研究水平的提升。同时，教师也可以适当地引入一些学生感兴趣的课题内容，促使学生在兴趣激励的前提下完成日语课题的资料收集和成果汇报。此外，教师专业素养的提升和教学能力的提高是 Seminar 教学法顺利推进的重要基础。随着社会的发展，学生从出生就生活在信息化的社会环境中，因此具有较强的互联网思维能力，学生在自主查询和搜集资料的过程中能够获取多种多样的信息并融入课题总结和归纳中，因此就要求教师必须对课题的内容更加熟悉，也要求教师具备书本知识之外的阅读经验，保证在学生遇到调研困难或者在课堂讨论环节提出疑问时，教师能够游刃有余地解决，只有这样教师才能够在最后的总结点评环节更加完整地将教学内容传达给学生。

2. 推动专业有效融合，合理安排教学比例

Seminar 教学法应用于日语教学与专业实现高度结合是提升学生日语实用技能的有效路径。在课程开展之前，高校要组织日语教师与专业教师开展教研，教师就 Seminar 教学法应用于日语教学的课程设置和教学内容展开讨论，制订适合各专业学生学习的教学计划。首先，教师针对学生课题展开讨论，根据学生的专业性质与学生日后的就业前景进行讨论，为学生制定合适的教学课题，在制定课

题的过程中也要考虑授课的时间和课时安排，并结合专业教师的授课进程，对专业课程中实用性较强的部分开展 Seminar 教学法日语教学，以提升学生的学习兴趣，促使学生更加积极地参与教学课程的实施。此过程能够调动学生自主地对学习的专业知识进行延伸，同时使学生的专业日语能力得到强化。其次，在课程讨论和课题汇报环节，要邀请专业教师共同参与，教师应就学生的课题汇报成果从学生的专业角度给予帮助和点评，促使日语教学与不同专业的学习内容实现深度的融合。最后，教师也要合理安排教学的比例，根据学生的学习进度结合学生的实际需求，将理论教学和专业教学的比重进行合理规划和安排，从而促使学生的综合技能得到有效提升。

3. 实现校企深度融合，强化学生实践技能

企业要强化自身的责任意识，积极参与高校 Seminar 教学法的日语教学。首先，企业要参与教师课题制定。根据企业最新的用人需求，将企业的用人标准与企业对员工日语语言的具体要求有计划地分模块融入 Seminar 教学法的日语教学中，根据不同的模块选择不同的主题，让学生接触多种多样的教学内容，使学生更加积极地进行调查研究和课题总结活动。其次，教师将学生的汇报成果进行备份，企业负责人也留存一份，根据学生的汇报成果提前做好提问准备，在学生汇报的过程中也要及时地记录学生的表现，积极参与学生的提问和答疑环节，为 Seminar 教学法的日语教学实施提供崭新的角度，促使学生的思维得到扩展，这些也能间接提升教师的专业教学素养。最后，企业参与人员也要从企业的角度及市场的现实需求出发为学生提供有参考价值的建议，促使学生的学习内容更加有深度，使教学内容与社会环境实现接轨。同时，企业与高校的合作还体现在教师的专业技能提升上，高校可以委派教师到企业参与生产经营活动，增加教师在企业中的经验，从而丰富教师的教学经验，使其教学素养得到强化。

4. 完善考核评估体系，增强学生的学习动力

考核评估体系的完善能够充分展示 Seminar 教学法应用于日语教学的成效。在资料的搜索和查找阶段，教师主要对学生的课题主题内容的把握程度、资料获取的途径和方式的多元化、学生的课题计划安排表、小组分工与协作的能力、最

终成果的书面展示及电子资料的整理等方面进行评估，从而对学生进行小组等级的评定。在课堂的汇报和讨论环节，教师要将学生的展示内容、展示工具的使用、展示的效果、答疑的能力、与教师和学生的互动情况、学生的最终总结等融入评价中并进行等级评定。此外，教师也要丰富评价的主体和评价的环境。在主体评价中，教师要引入学生的自我评价，提升学生的自我分析能力，促使学生进行反思，使学生在每堂课结束之后都能获得新的体验和感悟。同时引入其他专业教师的教学点评，从学生的专业属性角度对学生课题汇报的整体表现进行点评。也要引入企业参与者的点评，根据企业的用人标准给予不同角度的评估。在课程的期中和期末阶段，更要将学生在社会环境中的表现纳入评估体系，检验学生的实践技能是否真正得到了提升。

5. 教师把控汇报流程，积极调动课堂气氛

教师要根据学生的表现和教学的需求进行适时的转变，从而保证 Seminar 日语教学流程能够顺利推进，促使课堂的教学氛围在有序的前提下更加活跃。首先，教师要积极鼓励学生敢于表达，为学生带来言语上和表情上的激励和赞同，帮学生树立信心，促使学生更加勇敢地表达自己的观点、进行课堂汇报，进而促使教学流程有序进行。在学生进行课题汇报准备工作的过程中，教师要及时与学生沟通，解决学生在学术上的困难，促使学生更加全面地准备资料，引导学生循序渐进地进行汇报、答疑和讨论，为学生进行课堂陈述打下良好的基础。其次，教师也要负责把控课堂教学的主线，在学生讨论的过程中很有可能出现偏离主题的现象，此时教师要积极地引导学生回归正常的主题，确保教学时间和教学进度的安排尽可能地按照教师的教学计划进行。最后，教师也要尽可能为学生布置教学场景，为学生设置情景教学氛围，提高学生的注意力，让学生可以身临其境地学习日语，为学生营造更加轻松愉快的教学氛围。

6. 增强高校重视程度，提高教学改革动力

Seminar 教学法的实施需要高校加大投入力度，并且加大宣传推广的力度，从而引起全校师生的重视，使校内教学资源实现合理的配置和使用，推动 Seminar 日语教学更加系统地开展。一方面，高校要加大对 Seminar 日语教学中

机器设备与资源获取平台的投入力度，为教师和学生提供更多的电子设施，协助教师开展教学活动；帮助学生进行资料搜集和开展课后的线上练习，配合师生开展 Seminar 日语教学活动；搭建校内信息共享平台，促使教师及时上传优秀的教学内容，为教师的交流和教学资源的获取提供多元化的选择渠道。另一方面，高校也要根据各专业的日语教学需求制订合理的 Seminar 日语教学计划，根据学生的不同年级和学生的不同专业选择适合学生学习的日语课程。定期召集教师和专家开展座谈会，就当前的教学进度和教学工作进行汇报和讨论，促使 Seminar 日语教学更加精益求精。

综上所述，Seminar 教学法在日语教学中有着非常重要的意义，能够解决目前日语教学中学生积极性不高、教师教学观念落后及日语教学体系不完善等问题。采用 Seminar 教学法开展日语教学既需要尊重学生的主体地位，促使学生更加独立自主地参与教学活动，也需要教师以引导者和组织者的身份帮助学生，提升自身的专业学术能力和教学能力，更需要高校的重视和企业的参与，只有这样才能促使 Seminar 教学法在日语教学中发挥有效作用，从而为国家培养一批实用型的高质量日语人才。

第四章　交际教学法在日语教学中的应用研究

第一节　交际教学法概述

交际教学法是一种语言教学法，这种方式非常注重语言学习者的沟通能力。在日语教学中，交际教学法应用非常广泛，对学生语法素质能力的提升具有重要作用。对于日语的学习，学生应将重点放在交际能力的提升上。交际教学法能够在巩固学生语法基础的前提下增加学习的趣味性。

一、交际教学法的提出

1960—1970 年，心理语言学家和社会语言学家对传统的语言结构提出了挑战。原本语言在教学过程中是作为交际工具与手段使用的，而学习语言的最终目的也是让学习者在合适的场合使用当地的语言使倾听者能够明白说话者的意图并进行沟通。正因如此，交际教学法逐渐形成，并成为该观念的指导方法。交际教学法的兴起原因主要有两方面。1960 年以前，传统词汇教学是语言教学的主要方式，这种传统词汇教学方式受到诸多学者的质疑，部分语言学家认为传统词汇教学的重心在于对语法知识和基础词汇的学习，这样无法发挥语言本身的功能，也无法展现学生对语言的掌握能力。交际教学法盛行的第二个原因是从 1970 年以后，各个发达国家的教育组织开始针对国家的教育情况进行讨论交流，整个西方教育界更加重视语言教学方法。在他们的共同探讨下，发现了语言教育方法存在的问题，既找到了适合本国国情的语言教学方法，也推动了交际教学法从萌芽、发展到完善三个阶段的发展。从 20 世纪 70 年代起，海姆斯就运用交际能力理论从社会学的角度论述了语言发展应具备的能力[1]；韩礼德则从语言学的角度对语

[1] 陈昌义.Hymes 交际能力理论的反思 [J]. 外语学刊,2003(2):93-97+112.

言所要发挥的功能进行了阐述 [1]；奥斯汀和塞尔对语言表达的内涵进行了解释说明 [2]，这些理论共同奠定了交际教学法的理论基础。

20 世纪 70 年代末期，语言的教学方法有了新的拓展内容，不仅包括语言本身的意义、传统词汇教学意义，还包括语言在交际过程中产生的能够被双方理解的意义。随着交际教学法的提出与完善，学生的交际需要与情感体验成为重点关注对象。直到 20 世纪 80 年代以后，相关学者才在语言课堂教学中对交际法进行了具体阐述与分类。此外，一些语言学家也对交际法理论进行了补充和总结。如结合交际教学法的理论对一线课堂的教学实践进行了分析和论述，并体现在教材编写和实际课堂教学中。

二、交际教学法的概念

交际教学法是一种新型的语言教学方法，其强调在教学过程中要"以学生为中心"，认为语言的培养是让广大学生不仅要掌握语言语法能力，而且要会使用正确的语言。该教学法认为，要想加强语言的互动性，就应在真实的语言环境中学习和锻炼。交际教学法就是通过组织不同方式的教学，帮助学生在交际过程中锻炼语言能力，运用所学知识形成语言习惯，从而适应不同难度的交际活动，只有这样才能掌握交际技能，完成语言教学的真正目的。为了全面提升学生的交际语言能力，教师应在理解并运用交际教学法理论的基础上，配合其他教学方法总结教学经验，完成教学任务。还有部分社会学家认为交际教学法是一种交际能力，这和心理学家乔姆斯基认为的"语言能力"的观点相契合，他们主张要利用语言能力提升交际水平。因此，交际教学法非常适用于语言学科的学习，并能够使语言运用更加得体和熟练。进入 21 世纪，我国交际教学法的发展也进入了新的阶段，学者们不仅对交际教学法的理论进行了补充，而且从不同角度对交际教学法进行了研究，同时还出现了大量实证研究。因此，交际教学法在课程教学中的应用已成为当前教育的一大趋势。

---

[1] 许颜.再谈韩礼德系统功能语法对语言教学的启示 [J]. 汉字文化,2021 (18):42-44.

[2] 秦苗.奥斯汀和塞尔的言语行为理论探究 [J]. 剑南文学（经典教范）,2013 (9):279-280.

三、交际教学法的实施原则

在不同学者的研究探讨下，交际教学法拥有了一套实施原则。只有遵循这些实施原则，才能保证交际教学法在实际教学中发挥作用。

第一，交际原则。交际原则是交际教学法中最基础的原则，也正是这一原则体现了交际教学法的目的是培养学生的交际能力。这一原则要求语言的学习需要在不同的交际情景或活动中进行，在不同的情景下使用不同的语言才能产生不同的效果。教师也可以通过组织创设情景活动、开设"口语角"交流活动等，让学生在活动中自行创设语言情景，完成交际目的，最终帮助学生获得语言方面的知识。在这个过程中，教师要发挥引导作用，帮助学生创设情景，引入一些真实案例。当学生使用不同的句子进行交际时，教师要帮助学生分析该句子的语法结构和使用情景及表达含义。这样不仅能够引发学生思考，而且能使学生在活动过程中激发学习兴趣。这种交互式的交流活动能够让学生主动地寻找话题，提升交际需求，从而丰富语言知识。

第二，意义原则。在学习一门新的语言时，标准性并不是第一衡量标准，对于一门新的语言，我们对它的要求首先是意念契合，只要表达出该句子的内涵即可。因为语言本身就是为生活服务的，学习日语的目的也是交流。教师要逐渐引导学生，让学生明白语言作为一种工具，它的存在是用来传递信息和表达意义的。只有在熟练掌握语言语法结构、词汇用法后，才能使语言运用具有准确性。作为一门长期学习的语言科目，学生要适当地给自己留出足够的试错空间，通过和他人交流、互相学习，寻找彼此的问题，提出改正建议，这样才能让自己得到进一步提升。所以，教师为了让学生准确地利用日语进行日常交流、传递信息，在平时的教学中也要进行基础知识的普及，如进行语法知识的训练、分析句子结构、教授正确的语法知识，让学生在进行情景交流时更加顺利，也为以后准确表达信息奠定基础。

第三，以学生为中心原则。这是任何一门教学方法必须遵守的原则，学生应在学习中起到主体作用。我们要认真学习钱梦龙先生提出的"教为主导、学为主体、练为主线"的教学思想，将学生作为学习的主体。为了避免出现传统"一言堂"的教学模式，更好地提高学生的综合能力，教师在课堂上应发挥引导者和协助者的作用，不能试图控制课堂，主导学生的想法。要尽量减少"说教"的时间，将"说教"的模式转变为引导模式，激发学生的主动性和探索欲。不仅如此，教师还要从学生的角度出发，将重点放在"学生"和"学的过程"这两个方面，不断协调与学生的关系，对学生进行经常性的鼓励，培养师生间的良好关系。交际教学法作为一种新的教学方式，可以帮助学生在日语课堂中克服书面日语识记的困境，使日语的学习更有意义。同时这也是对传统教学方式的突破，让教师时刻牢记要以学生为中心，教学过程应为学生服务，要帮助学生树立自信、培养交际技巧和口语能力，从而增强教学效果。

第二节　交际教学法在日语教学中应用的实验研究

据了解，大部分学校的日语教学还停留在传统的讲授阶段，因为教学时长有限，教师为了在短时间内提高学生的日语能力，就会给学生布置课后作业、练习册、阅读纸质资料等。这种方式虽然能够加快课程进度，但是对学生来说学习效果并不好，只会增加学业负担，以致学生的实际运用能力无法有效提高。在引入交际教学法后，学生的学习兴趣明显高涨，学习效果自然就会得到提升。

一、交际教学法在日语教学中的意义

交际教学法在得到学者的认同后便被广泛应用到实践中，在日语教学中，交际教学法的效果更加显著。秉承交际教学法的交际原则、意义原则、以学生为中心原则，在日语教学中对学生的发展至关重要。这一方法之所以受到人们广泛关注是因为它的存在有独特的意义。

（一）培养学生主体意识，引发学生独立思考

交际教学法的原则之一就是以学生为主体，让学生融入教学情景中，这样才能更好地提高学生的口语能力。这既是交际教学法的原则，也是它的意义所在。传统的日语教学模式一般采取"3P"模式，即演示（presentation）、操练（practice）、

成果（production）三个步骤。首先，在演示阶段，教师会通过讲解或演示的方法引出学习内容，如词汇、语言或句法的学习。在操练阶段，教师让学生做课后作业、练习册及阅读纸质资料。在成果阶段，教师让学生用所学日语知识进行成果展示，具体如双人对话、角色扮演、小组合作等，教师对其进行评价。其次，在课堂实践中，教师会先带领并教会学生熟读课本单词，然后播放范文录音，让学生听录音，大概了解本节课的内容。接着教师会将本节课的重点语法以板书的形式教给学生。技巧性知识学习完以后，教师再次播放录音让学生跟着录音的语音语调进行模仿和跟读。最后，让学生按顺序朗读文章或者分角色扮演，如果朗读环节占用较长课时，部分教师就会让学生课后熟读。据调查，以上的学习步骤在不同的学校都适用，教师的一切教学活动都以教材为主，学生自我练习的时间非常少，导致学生的语言交际能力较差，语言学习呈现出书面化特点。而教师在进行知识讲解时内容十分详细，包括语法、语音甚至表达，应试教育的成分较多，使这部分内容占用整个教学时长的一半。不可否认的是，在语言学习中，词汇和语法基础知识是基础，但日语作为一种交际语言，最终目的还是用于交际。所以要加强学生的语言练习，不能让学生机械地接受教学内容。

在交际教学法中，把日语学习看作一个整体，学生必须通过不断地表达，自己感受、认知语言。在日语课程教学过程中，之所以强调交际教学法的重要性是因为这种方法更加强调口语训练的重要性，不像传统教学对语言形式要求严格，反而是先适应整体的语言环境，然后将语言形式进行分解，分为词汇或语法单独教学，这种从整体到部分的教学方式更加注重学生学习的过程。与"3P"模式的顺序刚好相反，交际教学法的教学过程分为三个步骤：先接触，然后进行模拟范例练习，最后自由表达思想。在接触环节可以极大地激发学生的学习兴趣，教师在课堂上创设真实自然的语言环境，教师和学生在这个环节进行对话，在教师的不断引导下，学生可以接触更多的教学素材。模拟范例练习阶段，教师从对话中找出几个经典语法带领学生进行重复模仿练习，这样既能加深学生的印象，也能引发学生的思考，让学生根据自己的理解创设情景中的语言，并分成不同的语言形式，如短句、问答等来进行练习。这样学生在自主思考下创设的语言环境更有助于语言学习。在经历了前两个学习过程后，学生的能力有所提升，可以进行自由表达，适当拓展能力。将整个语言学习过程看作一个整体才能更好地运用，并且在这个过程中学生作为学习的主体能激发其主动性，使学生学会独立思考。

（二）提高日语交际能力，强化教学实践成果

利用交际教学法开展日语教学，能够更快地提高学生的日语交际能力，强化教学实践成果。首先，交际教学法采取的是多人或者多人小组合作交流的学习方式，在人际交往中就会产生更多的机会思考和作决定，因此有利于提高学生的交际能力，锻炼学生随机应变的能力，培养学生的性格和情感。交际教学法强调学生的合作精神，只有双方达成一定默契才能更好地合作交流学习。合作精神也是交际教学法中必不可少的内容，通过以小组为单位的学习形式，制定共同的教学目标，小组成员共同承担教学任务，互相学习、讨论，最终完成学习任务。交际教学法中运用合作学习的方式是让学生形成彼此团结、互帮互助的学习团队。由于当前社会对人才的要求越来越高，交际教学法不仅要求学生在群体中锻炼交际能力，更重要的是与其他同学形成合作伙伴关系，这对学生自身的素质提高也是很有帮助的。作为即将步入社会的一员，大学生应拥有良好的沟通、交流、合作能力，这样才能更好地生存下去。因此，我们必须在提高学生交际能力的同时培养学生的合作意识。如在开展交际教学活动时，先将学生分成若干小组，每组3~6人进行会话教学或创设情景。教师根据学生的水平将学生均衡分散，由学生群体内部自行分配任务并完成，最后教师根据学生的表现与学习成果进行评分。同时，教师让能力相当的两个小组进行评比，引入竞争，这样更能激励学生的积极性，加强学生的合作意识。一个小组中学生的能力不同，性格也会不同，不同个性的学生在一起学习讨论时难免会有意见不合、产生分歧的地方，这便是考验团队精神与合作能力的关键时刻，这就要求学生间互相学习、取长补短，虚心听取他人意见。基础较好的学生可以在提前完成任务后给予基础较差的同学耐心的讲解和帮助，基础较差的学生也需要树立自信心，不能自暴自弃，要虚心求教，教师要帮助每个学生在学习的过程中都有所收获、协作配合、共同完成教学任务。这样不仅有利于资源的合理利用，也有利于合作精神的培养，共同提高学生的学

习能力。合作和竞争是同一矛盾体的两个方面，要想完成复杂的工作任务就必须将二者合而为一辩证看待，不能为了逃避竞争而放弃合作，也不能只想合作而放弃竞争精神。要在小组内形成合作为主、竞争为辅的意识，这样才能更好地巩固实践成果。不仅在课内，在课外学生也要养成合作意识和提高交际能力，这有助于学生迅速融入新的团体，共同进步。

（三）整合生活教育资源，推动素质教育发展

交际教学法的优势不仅体现在课堂上，在课后甚至是工作生活中，交际教学法的研究成果依然适用。利用自身的交际能力，学生能够在日后的工作中迅速整合各类资源。日语教学是一种真实的语言交流，在真实的语言环境中的交流比听录音、直接背诵等方式效果更好。交际教学法也要遵循这样的教学原则，不断创设真实的语言环境，让学生放松下来，从而学到更多知识。要想营造这种轻松的环境就需要教师具备丰富的教学经验，这样才能为学生提供良好的教学体验。所以，教师在备课过程中要充分结合现实因素，设计的一切教学活动都要以交际为目的，让学生将所学知识充分运用到日常交流中。据统计，各高校在创设语言情景时分为两类，第一类是直接进行角色扮演。如在进行口语训练时，直接表演向路人借手机、买东西等场景。第二类是间接进行交际，一切与交际有关的任务或活动都能给自己语言能力的提升带来帮助。如让学生想象自己在火车站，每个学生要说出关于火车站的词汇或短句，然后将这些短句串成一句话，这种方法更能考验学生的随机应变能力和思考能力。虽然这些短句和单词并不能直接运用到交际活动中，但这些词都是根据现实场景而产生的，具有现实意义和实用价值，对交际活动具有一定的影响。因为在现实生活中，每个人的语言习惯不同，我们不能按照书本中的固定格式学习语言，采取固定格式学习语言会破坏学生的语言规律和思维拓展能力，这也是交际教学法的独特之处，即能够充分发挥学生的思维特性，创新语言发展规律，发挥自身个性，推动学生的素质发展。

（四）适应现代教育风格，引导学生全面发展

随着科学技术的发展，教育手段越来越先进，对人才的要求也更加全面。随着经济全球化的发展，以及我国对外开放步伐的进一步加快，对外语学习的需求

增多、要求更高。为了与国际接轨，我国更加需要能够熟练掌握并运用外语的人才，为更加自由地参与国际竞争提供人力资源。其中，日语是我国在外语学习中的一门重要语言，有利于推进我国与日本之间的政治、经济和文化等方面更深层次的交流。随着我国与日本之间交流的深化，出现了更多中日合资企业，这些企业对日语专业人才的需求不断增加，其呼吁更多综合素质较高的日语专业的复合型人才加入其中。在这样的社会形势下，我国高校出现了日语热现象。对此，各高校纷纷改变了日语教学的目标和内容，那种以传统的书面考试为最终考核标准的教育方式，终将被社会淘汰。在日语教学中，我们要将重点放在对日语教材内容的更改上，使其更加贴合实际。教学目标也应从原来的应试教育变为培养综合型教育，从单一的语法知识的传授转变为对语言能力的培养。所以，传统的教学方法和思想根本无法满足新时代对人才的需求，为了改变现状，交际教学法应运而生，并且反响良好。交际教学法之所以能够得到较多学者的认可，是因为这种教学方式对日语学习有着独特的意义。交际教学法主张学生自我探究，找到解决学习问题的方法。在学习过程中，教师应注重激发学生的兴趣，在教师的引导下，学生通过自身的体验去感受语言的魅力，获取相关信息完成教学任务。因此，交际教学法更符合时代发展需求，是课程改革的趋势，能够在促进学生全面发展的同时培养学生的创新能力。

在传统的日语教学中，基本是按照日语教材，根据课程目标的安排学习词汇、语法知识。学生在"填鸭式"教学课堂中只能机械地接受这些语法规则、单词、词组、句型等知识点，而忽略了日语作为交际工具所发挥的真正作用，也忽视了学生创新能力和思维拓展能力的培养。这种方式对教师和学生来说都不是良性的方法。对于教师而言，辛苦地备课，全神贯注地讲解，将密集的知识点灌输给学生，而学生接收并且能理解的知识却屈指可数。其实只要换一种教学方法，这些问题都能迎刃而解。交际教学法证明其不仅能够有效地调动学生学习日语的主动性、积极性，让学生主动创设教学情景，进而完成教学目标，还能增强学生的创造力和凝聚力，培养学生的创新精神。因为交际教学法中的教学任务并不是教材规定的内容，而是教师根据现实生活结合教材内容和学生共同设计、共同讨论的任务。所以，在交际教学活动中，每组学生需要完成的学习内容不尽相同，有很大的灵活性、开放性和创新性。前文说到，教师在选择好教学情景后会指导学生根据教材指引，结合自己平时积累的生活经验和知识信息对需要完成的教学任务进行设计，从而提高学生的想象力。在具体的日语教学过程中，教师还会借助多媒体手段用音（视）频、图文等方式吸引学生的注意力。当学生有疑难时，教师会根据学生的情况有针对性地进行讲解，逐步引导学生寻找正确答案，利用启发式方法指导学生自主完成学习任务。运用交际教学法教学时，学生要主动联系实际进行思考，在教师的指导下寻求完成任务的方法。在这种教学方式的引导下，教师和学生之间的关系更加平等融洽。学生在学习过程中敢于提问、质疑、畅所欲言，教师也能及时了解学生的需求并给予针对性的帮助，引导学生在感兴趣的基础上进行课题研究和探索，并得出自己的结论。

二、交际教学法在日语教学中的应用

现如今大学的专业界限逐渐淡化，而是按照专业领域外的通识教育培养复合型人才。因此，各高校根据教学目标进行调整，开设了与日语教学相关的课程。如北京大学日语系在创办之初，学生除了学习日语之外，还需要了解日语的演变历程，通过这种方式来扩充知识面。大学开设这种选修课也是想通过以扩充知识面的方式让学生对所学知识有更全面的了解。

（一）创新教学理念，提高交际教学法的应用

受应试教育的影响，许多日语教师在教学过程中还是会采取传统的教学模式。课堂一半的时间用来讲授知识，很少给学生留出自我发挥的机会，学生在被动接受知识的同时就会缺乏独立思考的能力，导致许多学生对日语知识的了解过于浅显。像日语这种语言类的科目，很多学生像学习英语一样，往往先从单词入手，背诵单词的释义，到真正应用的时候却想不起来。在对日语短文进行阅读理解时，也是教师根据译文一句一句给学生翻译，这对学生的语言学习能力并没有帮助。教师在教学过程中并没有意识到学生的主体性，应让学生主动地练习，张口说话，这才是学好一门语言的关键。为了避免"哑巴式"日语现象出现，首先，教师必

须改变教学观念，学会用新的教学理念引导学生学习。为了让交际教学法在教学过程中得到更好的应用，必须提高教师的素质和交际教学能力，让教师明白交际教学法的理念宗旨和实施原则。在具体教学过程中，并不是让教师退出课堂，将教学任务全部交给学生，让学生自行发挥；而是让教师发挥引导者和实施者的作用，在课前先明确教学任务和目标。教师要学习先进的教学方法和思想，充分了解日语知识体系，这样才能培养出具备优秀日语交际能力的学生。其次，教育部门也应采取多种措施，通过培训或集体学习等方式提升教师的专业素质。学校应重视对教师日语交际能力的培养。如学校可以给予教师相应的日语教学规划理论指导，组织日语教师进行专业培训，学习和吸收其他学校的经验。充分了解交际教学法的实施措施，但并不局限于这一种方法，对于有其他想法的教师要给予鼓励和支持。同时也可以充分利用信息技术的优势，给学生提供充足的日语教学资源，通过转变学习方式来激发学生参与日语交际教学的兴趣，这种方法能够给学生创设一个活跃的课堂氛围，给学生营造积极的学习环境。

（二）设定角色，构建对话情景

为了让学生将所学知识运用到实践中，教师需要在平时的教学过程中给学生创设真实的情景。在交际情景中，为了让学生更快地适应场景，需要给每个学生设定角色，这样才能更好地构建对话情景。如学生在学习以假期为主题的日语知识时，教师可以构建生活场景，安排"记者"角色，以采访的方式让学生互相采访，提高日语交际能力。教师可以将学生分为多个小组，每组5人，学生轮流充当记者角色，其余4名学生可以根据自己的喜好将对话内容写在纸上，并且每一组的对话内容都不尽相同，所以原创性和新颖度都很高。在进行"采访"的过程中，教师对每一组的对话进行巡视和记录，通过观察每一位学生的口语表达、神态和表达内容，对口语表达不太熟练的学生进行指导，也可以根据学生的表现记录每个学生的特点，这样才能更精准地找到每位学生的问题，进行针对性的教学，进而产生更好的效果。在采访活动结束之后，教师根据学生的表现可以选择表现最优秀的一组进行展示，让其他小组的同学吸收学习。最后，教师对本节课的重点和难点进行总结，给学生布置3分钟采访外国友人的作业作为对本专题内容的巩固。除了角色加持这一种方式以外，还可以通过引入网络资源的方式提高学生学习日语的兴趣，这也是一种影响力较强的教学方式。互联网的迅速发展，网络信息传输相对自由且迅速，大部分优质的教学资源通过互联网呈现在学生面前，虽然网络资源非常丰富且多种多样，但是我们需要选择有价值且能够被学生理解的教学资源。对于网络信息的选择，我们可以直接选取一部分用作日语教学的资料，另一部分可以作为教师备课的原始材料。这些原始材料包括文字素材、音频素材或视频素材等。对于如何筛选出对学生有帮助的教学内容，这对教师的专业素养要求非常高，需要教师对学生的情况有清晰的了解，运用现代教学理念寻找教学内容，学会用学生的思维看待教学素材，同时也需要教师对日语在网络资源中的分布情况非常了解，这样才能快速地在浩瀚的网络世界中发现优质的日语教学资源。教师除了要具备发现优质教学资源的能力以外，也要对搜集到的资源进行精心设计、开发和整理，只有创造出符合校本特色的日语教材，才能更好地被学生吸收。对于网络日语资源的开发，要一切以学生需求为主，结构合理、目标清晰，能够全方位辅助学生日语听、说、读、写等能力的提升。目前各高校对网络资源的选取更多注重音频的选择，让学生跟着标准的日语播读进行跟练，这种方式极大地限制了学生语言习惯的养成。所以，教师在选取内容时一定要结合学生实际，与交际教学法紧密结合，并与日语的整体课程计划相配合。一定要从学生主体出发，不断启发、引导学生，培养学生的思考能力和创新能力、自主学习能力和勇于实践的能力。通过设置角色和获取网络资源这两种方式，让学生有更多的机会创造对话情景，如果将这两种方式结合到一起，对学生日语交际能力的提升会有更大帮助。比如，在进行日语词汇的讲解时，可以利用网络资源进行图片的导入，然后围绕图片内容进行角色创建，由学生自行设计内容完成教学目标。先让学生每人准备一组图片，可以是 1~10 条围巾的图片，或 1~10 个花瓶的图片，或 1~10 把雨伞的图片，然后学生拿着准备好的图片上台，让台下同学回答使用哪些量词。当数到 1、6、8、10 条围巾时，同学们就会知道使用"ひき"这个量词，而随着数量的增加，学生在一遍遍练习的同时也能加强对单词的印象，对围巾"スカーフ"的读音也会更加标准。如果有人将真实的围巾带到课堂，学生就可以一边演示，一边用日语介绍围巾的读音。

在进行语句讲解时，学生可以利用手中的道具或者准备的图片创设角色情景。可以将两名学生称为学生甲和学生乙，当学生甲将雨伞或图片递给学生乙时，教师就会说"甲 は 乙 に～をやります"，而当学生乙将雨伞或图片还给学生甲时，教师就会使用"甲 は 乙 に～をさしあげます"这样的句型，学生在教师的引导下，逐渐明白被动句在日语中的使用。这两种情况适用于简单的单词和句型学习。如果要做阅读理解题，教师就应多寻找一些与主题相关的视频，在视频的场景下进行教学，这样不仅更有学习氛围，而且能围绕主题展开更多的想象，学生也会拥有更多的创作空间。因此，角色设定与网络资源相结合更能让学生融入学习场景中，将所学知识应用到交际活动中，这样学生才能主动地积累日语词汇。在教学过程中，也会出现学习不同步的情况，每个学生能力不同，对日语学习的掌握程度也不一样。因此教师要让日语基础好的学生承担更多的任务，带领基础薄弱的学生多加练习，让学生之间形成良好的合作关系。教师在这个过程中也要对学生多鼓励，与学生建立良好的师生关系，帮助学生进一步提升能力。

（三）确定学习目标，选择教学材料

目前，各高校的日语教学计划分为听、写两部分。为了提升学生的语感，大部分日语教师在课堂上过分强调听的重要性，给学生播放大量日语录音，让学生跟读或重复录音内容。经过长时间的训练，确实能让学生的发音更加标准，口语能力有所提升。但是对于从未接触过日语的学生而言，拗口的发音让学生读起来更有难度，日语在读音上不仅有音读与训读之分，而且存在许多音变现象，导致日语中很多单个的字在不同的词语中形成不同的读法，造成单词记忆难度和数量的增加。除了读音的问题以外，许多学生对日语录音存在听力障碍的另一个原因是日语的语法结构过于复杂。这就需要学生对日本文化有足够的了解，才能读懂每一个单词连在一起组成句子的意思。还有一个原因导致日语专业的学生发音不够标准，是日语和中文有着很深的渊源，近代的日本对西方文化过于推崇，导致日语中出现了许多汉字和英语。有些中国学生认为这是学习日语的一大优势，但是对于这样的优势如果不能好好利用，优势就会变成劣势。比如，在送气音与不送气音中，受汉语母语发音影响，初学者常常会遇到一个问题，如"あなた"（你）这个词，日本人的发音听起来像是"あなだ"，但是按照"あなだ"发音，又会被日本人听成"あなだ"（洞）。在汉语中送气音与不送气音是对立的，但日语中清辅音的强弱不容易形成语义对立，还有"な"行音与"ら"行音的发音容易混淆。部分日语学习者，讲普通话时"牛"和"刘"分不清。受此影响，讲日语的时候会出现"な""ら"混同的问题，主要表现为发不出鼻音导致"n"与"l"混淆。有的人看到汉字时就会根据自己的想法判断读音，这种不严谨的学习态度久而久之就会形成一种不良的学习习惯，严重影响日语学习的准确性。针对这类问题，教师应先从学习目标着手，重新确定教学目标，让学生将学习重点放在日常交际方面，而不是"复读机"。

在单词方面的学习，教师要带领学生注重对单词的预习，提高口语表达的规范性和准确性。每天针对课程内容安排学生预习，除此之外，还要提前搜集学习资料，对单词的用法和读音及使用情景进行了解，这样才能更好地提高学习效率。除了资料的搜集之外，思考能力也是学生学习的关键，虽然语言学习更多的是依靠练习，但独立思考能力是学生在学习过程中少走弯路超越他人的最好方法。我们在学习知识时，要对自身有一个精准的判断，并不是将教师所讲的知识全部吸收就是最好的，而是要去思考这些知识有什么联系和区别。在回答教师的问题时，要学会提出自己的观点，对问题进行有意义的思考。学会钻研教材，比如在学习主语时，有两种情况：一种是事物代词充当主语词，另一种是场所代词充当主语词。如何更好地区分它们？首先从词性上来说，场所代词和事物代词都是代词。"こ"指距离说话人近的事物或人；"そ"指距离听话人近而距离说话人远的事物或人。例如，"これは本（ほん）ですか"（这是书吗？）はい、それは本（ほん）です。（是的，那是书。）いいえ、それは本（ほん）ではありません。（不，那不是书。）当学生发现这两者的区别时，就可以很轻松地掌握这个单词的使用方法。为了让学生养成思考的习惯，也可以通过训练学生的日常口语表达来达成目的。比如可以在我们常见的事物上标上日语标签，教室、书桌、黑板、讲台等，这样更方便学生进行日语训练。即将上课时，教师可以让每一位进教室的学生说一遍所贴的标签，或者用日语跟同学、教师打招呼。为了给学生创造良好的日语环境，教师在和学生互动时要多使用日语。当学生慢慢习惯这种授课方式后，也会更加熟悉一些日常用语，养成平时用日语交流的习惯。好的习惯和积极的教学环境一定会使学生迅速掌握日语这门学科。这种方式能够让学生将日语的发音和语意与当下情景联系起来，并且能够达到"脱口而出"的效果。良好的学习习惯离不开良好的环境和自我约束。有了良好的学习习惯，就需要在教学材料的选择方面进行调整，不要局限于课本，可以利用网络资源选择与日常日语交流相近的教学素材，让学生的学习过程更加真实、轻松，也更加贴近学生的实际生活。对于学习一门新的语言来说，语法知识是基础，只有掌握好语法知识才能举一反三，保证语言的准确性。而语法知识又相对比较抽象，很多学生在学习语法知识时只能靠大量的背诵进行记忆，难以活学活用。为了解决这一问题，教师在教学材料选取时应更加注重真实性和更贴近学生生活，让学生在学习过程中获得一个更加自由的语法训练空间。因此，教师应选择有意义的教学材料加强语法知识训练，并在每节课上制定更加具有可行性的教学目标，使学生在教师的把控下完成语法学习的目标。为了增加学生对语法课堂的兴趣，教师可创设一些更加新颖的学习情景，让学生在交际教学法中掌握真实的语法应用标准，并且克服在交际过程中不敢开口说话的困难。对于情景的设置，先要用简单的对话激发学生的兴趣，然后逐渐增加难度引发学生深入思考，这样才能让学生对所学的语法知识有一个更加深刻且全面的了解。日语相对其他语言的学习更难一些，对于发音和语法都有其独特的要求，语法作为日语学习的基础，学生要根据自身的情况设立学习目标，有计划的学习目标加上良好的学习习惯，对日语学习会有很大的帮助。

（四）丰富教学活动，形成互动教学

交际教学法的宗旨是加强师生间的互动，在这种轻松愉快的教学氛围中，更有利于学生能力的提升。师生间的互动方式有很多，在日语教学课堂中，教师为了和学生建立良好的师生关系可以采用多种多样的交际教学方法，如小组讨论教学法。小组讨论教学法是各个学校使用最多的一种教学法，这种方法成本最低，且学生更容易放松，可以更加直观地反馈学生的学习情况。学生之间的交流也会更加轻松，教师在布置完课题任务后，学生自行成立小组，由教师指派组长，组长要更加了解每一位学生，可以根据每位学生的优势分配相应的任务。大部分学生能够根据讨论的内容，自行与实际生活产生联系。除了要关注学生间的合作以外，更要注重师生间的互动，与生生互动相比，师生互动对学生的知识能力要求更高。为了更好地实现师生间的交流互动，学生需要掌握更多的学科知识，在回答教师问题的同时也要学以致用。

在日常的教学过程中，交际教学法成为一种重要的学习方法，这种方法的关键在于提高学生的交际能力。根据学生的具体情况，通过与教师的互动，提高学生的交际能力。教师可以适当地提高日语表达难度和理解难度，以促进学生思考，激发学生克服困难的勇气。同时教师也可以根据学生的学习情况降低口语表达难度，以增加学生的自信。教师也可以利用生活资源提升教学质量，在这个过程中要秉承循序渐进的原则。对于学生而言，理解能力和记忆能力都有待提升，如果一味地依赖课堂仅有的知识，效果将过于单薄，不利于个别学生能力的提高，所以教师在教学过程中要善于利用交际教学法，利用身边的一切资源开展教学活动。例如，教师在讲解句型时可以利用身边的事物，在讲解"これは何ですか"（这是什么）的句型时就可以利用实际生活中的事物加深学生的印象。这种方法可以更好地调动学生的积极性，有效提升学生的日语口语能力。在这个过程中，教师应注重引入更加多元的事物，激发学生的学习兴趣和学习热情，提高学生的学习效率。在日语教学过程中，教师除了对基础语法知识的讲解以外，还要注重提高学生的交际能力，这样才能使学生更好地适应社会的发展变化，学以致用，将所学知识与实际相结合，推动学生综合素质的提升。

三、交际教学法对日语教育的促进作用

交际教学法作为新一轮课程改革的有效创新，落实以学生为中心的教育理念，作为日语教师不仅要教会学生基本的语法知识，而且要尊重学生的主体地位，根据每个学生不同的情况制定合理的教学内容。交际教学法作为一种和实际生活联系紧密的教学方法，可以实现教师与学生、学生与学生间的有效互动和交流，使

学生在生活情景或学习情景中开展日语的学习和交流。交际教学法最初的目的是提升学生的口语能力，促进人与人之间的交流，从而满足世界各地的经济发展需求。随着社会形势的发展转变，对交际教学法的要求也发生了一定的变化，交际教学法逐渐转化为一种新型的日语教学模式，并且取代了传统的听、说、读、写教学方法和传统的翻译教学法。交际教学法将语言看作一种交际载体，利用自身的独特资源提高了社会交流效率。这种教学方法不仅注重学生的基础知识能力，而且要求学生合理运用所学知识完成语言应用。在此基础上，交际教学法衍生出一套系统的技能教学体系和知识教学体系，包括语言表达能力、语言理解能力、语言应用能力和交际能力的培养。交际教学法更加注重凸显学生的主体学习地位，通过开展教学活动来引导学生主动探求知识、与学生交流讨论。在日语课程教学环节，通过运用这种新型的教学模式，日语教师可以根据学生的实际情况召开小组合作交流大会，根据某一课题先搜集资料，然后利用日语知识进行小组对话。这种学习方式适用于不同的语境中，通过开展小组讨论，适当增设小组竞争，可以有效激发学生的竞争意识，培养学生的合作精神，从而提升学生对日语学习的积极性。交际教学法对学生语言应用能力的提升有很大的帮助。与以往的教学方法相比，交际教学法有一定的特殊性，它更加注重日语的交际作用与语言功能的应用，因此，教师在日语课程教育过程中也应注重培养学生的日语交际能力和听说读写能力。当学生掌握了基本的日语听、说能力和交际能力后，便可以将学到的知识与特定的生活情景相结合，提高语言的应用能力和交际能力。除此之外，教师为了让学生更好地掌握学习技巧，可以适当还原真实场景，在真实情景中提升学生的语言交际能力。

交际教学法能增强学生的自信心。通过在日语课程教学过程中引入交际教学法，可以使学生在练习日语的同时通过对语言的应用来提升语言应用能力，这种方法不仅可以让学生在短时间内迅速进入学习状态，而且可以通过真实的语言情境缓解学习带来的压力。不仅如此，在学生进行日语学习时，交际语言法还给学生创造了展示自我的机会，让学生的学习兴趣显著提升，并且交际教学法的学习方式对日语知识相对薄弱的学生来说也是一次很好的锻炼机会——它可以增强学生的自信心。

　　教师在日语教学工作中应当注意教学方法的使用。比如，在使用交际教学法开展高校日语课堂教学时，教师就需要应用一些辅助教学方法促进教学工作的开展。日语教师在教学过程中可以向学生提出一些问题以促进学生思考，让学生带着问题和同学进行交流互动。教师也可通过引导学生阅读文章内容，提出问题，学生根据问题寻找答案。对于文章中的一些日常用语，学生也可以进行学习并沟通。这种积极的学习氛围可以让学生享受学习的乐趣，进而提升日语的应用能力。教师在和学生沟通的过程中也能拉近师生关系，教师对学生的评价也不能局限于答案的标准度上，要从多方面，如创新性、应用性、正确性、发散性等方面给予学生评价和鼓励，让学生更有信心进行知识的探索，保持学习的积极性，这样才能更好地提升学生的学习水平。

　　目前交际教学法在国内外的发展有不同的趋势。1974 年，荷兰的乌得勒支大学应用语言学学院主任编写了《入门阶段》这本书。该书以英语为例，详尽地列举了英语初级阶段的教学目的、要求和内容，相当于我们所说的教学大纲。此书还探讨了编制大纲的指导思想、原则和方法，有不少地方可供我们借鉴。欧洲根据此教学大纲，将学生即将学习并从事的语言活动划分为不同的学习任务，这些任务又分为不同的教学单元。交际教学法逐步走向成熟是从 20 世纪 90 年代开始的，Littlewood 作为知名的语言学家在《交际语言教学论》这一著作中阐述了如何获得语言应用能力，并将这种能力分为两个部分。一是自然学习模式，通过日常使用来学习日语，将生活中的交际语言编入课本，用这种方式培养并发展有效的日语交际能力。二是技能学习模式，相当于日语的语法结构学习，在学习过程中先将各种句型操练、固定搭配、语言结构及发音和语调等分解开，然后按照顺序按部就班地进行学习。语言的学习和应用应分布在不同的语言环境和情境中。语言学家 Richards（2008）在《交际语言教学的新发展》一书中论证了这一观点并提出了新的观点，他通过列举一些具体的课堂活动，证明了交际教学法的具体应用能力。比如，他在书中介绍了交际教学法在听力教学中的尝试，并教授学生如何运用听力教学的特点参与课堂活动。具体活动分为话剧表演、游戏等。除了一些理论研究，一些专家还提出了交际教学法的教学模式，比如语言学家 Brumfit 提出了交际（communicate）—呈现（present language）—句型练习（drill practice）—再交际（communicate）的教学模式。教学模式的提出推动交际教学法从非交际型过渡到交际型应用。不同的语言学家对交际教学法的教学模式也有不同的见解。比如，应用语言学家 Byme 提出了呈现（present）到练习（practise）再到运用（produce）的教学模式，并且他认为这个教学模式中的顺序可以根据学生日语学习的程度不同而灵活安排。在国外，交际教学法在不同教学模式的引导下，使交际活动更加简单、顺畅。交际教学模式主要以运用为目的，而交际教学的意义贯穿始终。

在我国，交际教学法最早出现在 20 世纪 80 年代，胡文仲、章兼中、李筱菊等是最早对交际教学法进行研究的一批学者，他们的主要成果分别是《交际教学法初探》（1982）、《国外外语教学法流派》（1983）及《浅谈外语教学的交际教学法》（1985）。在这些文章中，学者们对交际教学法进行了详细介绍和全面阐述。其中，李筱菊是研究交际教学法并积极推广取得最大成就的学者之一，她在《浅谈外语教学的交际教学法》中指出，关于外语学习不能只停留在听、说、读、写这些表面工作，更重要的是要将所学的语言知识应用到交际情景中。部分学者对教学方法的实施进行了研究。语言学家张正东认为学习和运用语言的第一标准是语言的形式和结构的应用，在具体的教材中，日语的功能体现在教学方法上，而交际能力会随着经验的积累而提高。到了 20 世纪 90 年代，李文中、高圣兵、辛斌等学者认为要对交际教学法持谨慎态度。辛斌（1995）在《交际教学法：问题与思考》中指出，我国的语言教学在运用交际教学法的同时应处理好语言知识的结构和地位，增强学习者使用语言的意识，实现文化交际的跨越式发展。在我国，随着交际教学法的不断完善，在教学形式的研究方面也有了新的方向。李昭六（2001）在《交际法与初中英语课堂教学模式》中提倡日语教学应遵循英语教材中的"五步教学模式"，即复习、介绍、操练、练习和巩固，对学生学习日语有极大的帮助。刘青（2004）在《以学习者为中心的个性化教学模式：交际法英语教学再探》中提出要以学生为主，从学生的角度出发。黄奕云和吴艳华（2005）

在《大学英语课堂模式：交际法教学与形式探讨》中指出交际教学法要在具体的模拟情景场中进行系统化、层次化及有目的的技能训练，课堂中为了更好地达到教学目的，也可以辅助利用多媒体等手段，融入一些游戏或竞赛的形式加深教学内容。

关于游戏活动设置，黄奕云和吴艳华（2005）在《大学英语课堂模式：交际法教学与形式探讨》中指出交际法的教学活动有许多种类，包括小组作业、角色模拟性课堂活动、角色扮演等。这些活动的共同特点都是以学生为中心，以语篇为主的教学内容，一切以学生需要为主。这些经验和实践研究对交际教学法在我国日语教学的研究与应用中起到了推动作用，也为日后对该方法的研究提供了借鉴作用。

日语教学中交际教学法的应用随着我国基础教育课程改革的全面开展和实施，提出了新的实施标准。日语之所以成为国际经济、文化、科技发展交流的语言之一，是因为日语是世界上使用人口较多的语种之一。目前许多专家正在对日语教学的模式和形式进行研究和创新，对教材内容也在不断更新。虽然理论基础非常充足，但是教学成果还需要教师在实践中不断地尝试和实验。只有不断在实践中总结经验、创新方式，才能更好地将日语应用到更多的情景中。在这个过程中，我们发现学生对新语言的掌握情况各不相同。如部分学生的基础知识扎实，但是真正应用到真实情景中还是会出现"哑巴式"日语；部分学生只能依靠死记硬背记住单词、短语甚至一些语法知识；部分学生的写作能力非常强，但应用能力较弱，口语表达能力不强。根据教学中存在的这些问题，笔者发现学生之所以不能很好地使用并利用语言，可能是因为他们并没有交流的欲望和意识。除了学生自身的原因以外，教学方法过于单一也是原因，枯燥的教学内容使学生提不起学习日语的兴趣，大量的平假名、汉字加上复杂的语法结构更是让学生眼花缭乱。目前我国日语基础教育的基本理念是，在日语教学中始终贯穿文化素养，不断积累文化知识，探索日语文化和汉语文化的异同。有日语专家指出，"要通过学习日语文化扩宽学生的视野，让学生形成跨文化交流的意识。在我国始终坚持以'语言为基础，文化为动力'这一日语教育的基本理念"。只有在这样的理念下，才能让学生更好地掌握日语知识，激发学生的兴趣，提高学生的交流意识。

四、交际教学法在日语教育中应用的要点分析

作为 20 世纪影响力最大的教学方法之一，交际教学法自 20 世纪 70 年代被提出后，面对各个国家经济、政治、文化、科技的不断发展，不同国家互相交流的机会也在逐渐增多，语言的重要性逐渐凸显。但是在当时，语言不通是制约社会发展的一大阻碍。所以，在当时的环境下，对劳动者进行语言教育成为重要内容。直到今天，交际教学法仍然适用于各种语言教学的环境。日本语言学家认为，交际教学法作为以培养语言运用能力为目的的综合教学方式，应以语言的功能为主，回归语言的最初目的，即培养学生的交际能力。因为语言的根本作用是交际功能，而语言教学的目标也是用于交际，所以交际教学也称功能教学，无论名称如何，教学的一切目标都是发展学生的交际能力。交际教学法还有一个特点——以意念为主，语言表达首先是表达思想，然后是表达内容，从思想到内容的过渡通过语言这种形式表现出来。所以交际教学法也称意念法。从人们的目的和需求出发，语言规定了人们应用什么语言、词汇、句型表达思想内容。

为了更好地应用交际教学法，需要明确交际教学法的三个理论基础。

第一个理论基础是具备交际能力，这个概念是社会语言学家乔姆斯基针对语言能力的不同看法提出的，他认为正因为本族语人士具有语言理解能力，才能理解用其他语言写成的句子。语言能力不仅体现在一个人的语法基础知识方面，而且包含一个人对语言使用的得体性等因素。语言学家海姆斯认为，一个人的交际能力不仅要看他是否具有恰当使用语言的能力，而且要看他是否能说出符合语法规范的句子。这就是海姆斯所说的交际能力既要有语言能力，又要有运用语言的能力。他把这种能力分为四个特征：第一，适合性，能否根据不同的情景使用不同的语言；第二，正确性，是否符合语言语法知识及语言结构，形式是否正确；第三，得体性，观察语言结构形式能否被接受；第四，操作性，掌握的语言知识是否常用，是否具有实际运用的意义。这四个特征与语言的使用环境及语言表达

能力和周围的社会、文化因素等息息相关，这也印证了海姆斯最初的观点，即语言能力只是构成交际能力的一部分。部分语言学家在海姆斯的语言交际能力学说概念的基础上拓展了交际能力的概念，正式将这一概念从社会语言学领域引入语言测试及教育领域。他们还提出语言交际模式由交际策略能力、语法结构能力、社会语言表达能力、语篇阅读理解能力四部分组成。这种语言交际能力学说的出现和应用，让人们注意到语言形式的正确性和语言表达的适宜性在外语教学中的重要作用。

第二个理论基础是功能作用。欧洲学派的一些理论认为交际教学法的功能是语言学在外语学习方面不仅限于句子本身结构的限制和语言系统的学习，而且要从更多的角度观察语言系统以外的其他因素之间的相互作用，不仅关系到语言的运用、语言的使用环境，也关系到语言的社会功能及文化背景。这种理论认为，交际是语言最根本的功能，语言学习不仅应重视形式、规则、结构，而且应强调语言的使用背景与学习者的交流需要。学生应学习基础的语法知识，而且应学会在合适的地方使用合适的语言，以及正确地使用语言。在语言教学的过程中，应一改传统的语句教学。对于日语的学习，其实是一个体验跨文化的过程。功能主义语言学的代表理论有，切夫的法位学（tagmemics）、韩礼德的系统功能语法（systemic-functional grammar）及狄克的功能语法（functional grammar）等。他们的研究思想与理论组成了功能主义语言学的主要内容，研究对象是意义。这个意义的具体研究对象涉及方方面面，探究的内容也更加宽泛，包括语言和其他因素之间的关系问题，如语言和社会的关系，语言和世界的关系，语言和思维、环境及经济文化的关系等。这更加符合语言运用的实践逻辑，在实际操作中也更有应用价值。而交际教学法之所以被称为功能教学法，也说明了功能主义语言学和交际教学法有交叉且重复的部分，充分肯定了功能语言学理论的正确性。韩礼德还指出："对于话语或言论的描述，只有通过对语言本身使用环境的研究，才能构成语言功能的全部作用。"除此之外，他还补充了语言的几个基本功能，如工具功能（一般指人们通过语言上的表达来完成某种愿望，请求、询问、劝说、命令、建议等属于自己做某事或希望别人为自己做某事的愿望）、描述功能（通过利用语言来描述自己的行为完成信息的传递工作）等。这些理论为交际教学法的发展奠定了重要的理论基础。

第三个核心理论基础也是交际教学法的核心原则，即人本主义。20世纪五六十年代，人本主义心理学兴起，其代表人物有马斯洛和罗杰斯。人本主义心理学被称为除了精神分析学派和行为学派以外的心理学的"第三势力"。人本主义和其他学派最大的区别在于人本主义更强调人的价值和意义，重点不在于研究人的问题和行为。人本主义希望通过建立和谐融洽的人际关系，从而最大限度地实现自我的价值并展现个人潜能，因此，日语学习也应坚持人本主义。为了在教学过程中贯彻人本主义思想，教师要重视学习者的情感、学习习惯、个性特征等方面。曾有语言学家指出，"人本主义是以学生为中心的教学观，因此把语言学习者看成一个身体和认知的整体，但首先是存在于情感中。"人本主义倡导的心理学对很多教学方法产生了深远的影响，改变了传统的教学方式。在交际教学法实施过程中，教师从原来的权威教学、"一言堂"的方式，转向站在学生的角度引导学生学习，让学生扮演多种角色。这不仅打破了教师以往高高在上的形象，而且给学生营造出一种融洽的教学氛围。在这种和谐的交际环境中，学生的心理负担也能减轻许多，同时转变了学生在学习过程中的角色。学生是学习过程中的关键人物，起到决定性作用，以学生为中心更加符合心理学的理论。对日语教学的学习和成果的检验是由多种因素构成的，如教学者的能力水平、教学的内容和教学实施方法及学生的接受能力、兴趣度等，这些因素共同发挥作用才能达到预期的目的。哲学上把这称为内因决定外因，所以不管外界的影响因素有多少，学生本身作为第一要素才是最重要、最具决定性的。为了实现这一目标，就要求教师重视学生并尊重学生。部分语言学家强调，交际教学法更强调学生的重要性，为了巩固教学成果，一定要从学生的实际需要出发，确定教学目标。根据不同的目标确定教学内容并配合相应的教学方法。同时，在日语学习过程中学生的主动性也是非常重要的。

对于交际教学法的发展，要从不同的方面进行改进。交际教学法通过培养和提高学生的语言交际能力为核心，在教学过程中教师通过设置一系列的教学任务和教学活动，帮助学生在不同的教学情景中进行语言交际。交际教学法在功能主义理论的基础上，强调在交际过程中语言所发挥的功能并不是以语言交流的形式、结构为主，而是要求谈话者在交往中关注表达的感情和意念。所以交际教学法在课堂中使用时需要注意以下几点：学生在学习日语时要有明确的交流目的和交流欲望，所有的对话必须真实有意义，而不是凭空创造出来的无意义对话。在教学过程中学生交流使用的语言结构不能被过度关注，学生通过语言所传达的意义才是语言发挥的重要功能。在实施交际教学法的过程当中，通过合作学习和小组讨论等形式，学生之间才能够实现真正的交流，每名学生都可以大胆说出个人的想法，并与同伴互相讨论，以提高学生在课堂当中的语言交际次数和频率。关于教学目标的设定要在之前的基础上做出整改，分为语言知识目标、语言技能目标、情感态度目标和文化意识目标。在语言知识目标中，根据当天的教学任务，选择合适的教学内容，如对本章节的单词和词汇内容要重点掌握，还要了解基本的对话句型。在语言技能目标中，教师可以引入一个主题活动，让学生谈谈自己的亲身经历或知道的一些有趣事件。在情感态度目标中，要不断地激发学生的交际兴趣，帮助学生形成互帮互助的合作精神和合作意识。在文化意识目标中，要结合本节内容的活动主题，比如旅行主题，通过旅行帮助学生了解日本的文化与著名景点，让学生学会主动探索，模拟旅游情景锻炼学生的交流意识。对于课本中的教学重难点也要有所区别，比如某堂课的教学重点是要掌握关于旅行的基本词汇句型和语法知识，学会运用所学知识讨论一些旅行活动，谈谈发生过的一些事情。教学难点则是要掌握听力目标，熟悉日常交流策略，选择合适的情景用合适的语言知识进行文化交流。

在一大节课中，将90分钟课时的课程可以分为三个阶段，即课前、课中、课后。课前，首先要利用多媒体等手段进行图片或视频的导入，选取一些标志性的图片让学生进行辨认，激发学生的兴趣。教师可以首先带领学生进入教学情境，然后教师将个人经历和图片中的景点相结合，向学生介绍对应的日语名称，最后通过做游戏，让学生回忆所学单词。教师借此机会可以询问学生假期去了哪里，对哪个景点印象深刻，买了什么东西，发生了什么有趣的事情，等等。课中，教师可组织一个猜谜游戏，将全班学生分为四个小组，然后教师利用多媒体和幻灯片将刚刚所学的日文名称和景点图片进行展示，每个小组派出两名代表，先将这些图片进行展示，然后小组的学生需要背对着多媒体进行猜测，通过小组竞赛的方式，哪个小组用时最少且准确率最高便可获胜。这一环节的设计通过营造轻松活跃的课堂氛围调动每个学生的积极性，学生在课堂中积极思考、努力记忆、主动学习，这样既能加深对本节课内容的记忆，也能调动学生日后日语学习的主动性。课后是对本节课的补充，在这一环节中教师会播放语音练习听力，学生根据听到的内容选择正确的选项，学生记录的方式可以是用缩写、简笔等方式对重要的知识点进行快速记忆。对于听力对话中出现的人物、事件、时间、地点要格外留意，这样就不会出现遗漏的现象。完成听力训练以后，教师还要组织学生进行听力内容的叙述或表演，对于叙述内容不要求完全一样，可以用自己的理解和语言习惯进行表达。在学生表演过程中，教师要记录学生的表达情况，包括发音、内容、语法结构等都一一做好记录，也可以让学生共同监督，通过作业将学生的问题一一指出，并给出解决方案。关于角色扮演这一环节，为了让学生更加全面地理解教学内容，要为学生创造一个真实的交际环境，让学生对所学的知识进行合理运用。比如，一个学生在表演时，其他学生要做好记录，将这名学生的优点进行记录，同时也可以指出其不足，这样便可以吸收更多的经验。最后在作业方面，可以让学生自己录制和外国友人的对话，或模拟旅行情景，让学生合作完成这一环节的内容回顾。

为了更好地践行以人为本的教学理念，要根据不同的情况进行分类教学。因为每个学生的学习习惯、学习方式或学习能力不同，在一定程度上有所差异，所以教师要根据学生不同的情况展开教学。对于日语基础知识良好且学习能力较强的学生要多补充一些课外知识，这样既能扩大学生的知识面，也能激发学生的求知欲，以便让学生的能力得到进一步的提升。对于基础知识一般且学习能力较弱的学生，一味地接受新的知识对学生来说会增大其学习压力，效果也不会很好。对于这类学生，一定要及时做好复习和巩固工作，对于学生在学习中遇到的问题，教师一定要耐心地与学生沟通交流，了解学生的问题所在，帮助学生解决学习方法上的问题，这样学生才不会出现更多的学习困惑。在这个过程中，师生关系也很重要，教师要和学生建立良好的师生关系，帮助不同层次的学生解决不同的问题，教师和学生在沟通交流时也能更深入地了解学生，学生对教师敞开心扉对日后的教育工作也有很大的帮助，并且在这个过程中学生的交际能力也会有所提升。教师不再采取机械的教学方式方法，而是让学生发挥自身主观能动性，有效地增强学生学习的自信心，因此学生也能够更快地掌握并认识日语知识的难点和重点，明确学习方向，产生更强的学习动力。对于教学情景的设置，教师也要一改传统的固定情景，要根据社会当下的热点，紧密结合学生的学习习惯，创设新颖独特的教学情景。在新课改的推动下，教师需要认识到教学的实用性，改变传统的教学理念，运用不同的教学活动激发学生学习的积极性，提高学生的学习效率。对于日语学习，掌握学习方法和技巧更为重要，一定要改变之前死记硬背的学习方式，要更加注重学习的技巧性和有效性。为了更好地锻炼学生的交际能力，要在创设的情景中不断融入日常生活片段，让学生更加熟悉教学情景，这样学生才能更加放松，学习效果也会更加显著。具体教学方法如下：一是小组讨论法，这是日常教学中运用最多的方法，学生之间可以直接交流，效率更高，因为学生之间比较熟悉，所以在交流和讨论时也会更加细心。通过这一活动，大部分学生能够根据讨论的内容展开联想，因此产生共鸣，学生的交流兴趣也会更加浓烈。二是情景对话法，这个方法分为两步：第一步是听，第二步是说。根据教师给的材料，学生围绕材料进行情景创设。为了让学生掌握更多的交际语言知识，并且合理地运用表达，教师要根据所学内容进行多种多样的情景创设。这种方法的优点是学生能够迅速产生共鸣并融入创设的情景中，有了刚开始的听力环节，学生不会有陌生感，并且融入新的环境中也会更加顺利和自然，效果也会更好。这种方式更能提升学生的交际能力和学习能力，比较考验学生的记忆能力和听力识别能力。三是角色扮演法，这是学生最喜欢的一种方式，这种方法以小组为单位，根据教材内容进行扩充，创设角色剧本，学生通过扮演喜欢的角色来融入新的学习情景中，趣味性较强，气氛也更加轻松愉快。四是配音法，目前关于日语的影视作品不在少数，并且现在的翻译软件功能强大，教师可以选择学生比较感兴趣的经典电影进行日语翻译，然后让学生根据现场播放的影视片段或作品进行配音，因为角色是学生自己挑选的，所以学生会对自己喜欢的角色更加上心，无论从感情、技巧、语气还是语言的准确度上，学生都能精准地模仿出来，更能调动学生的主动性。同时在模仿的过程中，学生也能够了解更多的语法知识，调动学生的表演能力，纠正自己平时注意不到的发音问题。这几种方法中，每一种都有其特色，在日常的日语教学工作中也应用广泛。教师要根据教学内容的难易程度选择合适的教学方法，不同的交际环境需要使用不同的交际方法来适配，这和语言本身交流的复杂性有关，所以要活学活用，这样才能让学生像学习母语一般感到轻松愉快。交际教学法主要通过创设情景，让学生感受日语学习的轻松氛围，但是学习任何一门语言，语法的学习都是最基本的。如果能学好语法，对于日语的学习将事半功倍。对语法学习，可以采用话题式引入，在教学过程中逐渐引导学生，这样才能达成语言交流的目的，让学生主动参与学习的过程，多利用口语来提升自己的动脑和动口能力。这种话题式引入法是教师在教学过程中根据文章内容进行话题设定，实践证明，该方法能够更好地吸引学生的兴趣，帮助学生完成语法学习，提高交际能力。比如因为中日文化的差异，朋友见面用到的问候语也不同，日本人的交流方式大多以天气状况为话题展开。所以教师给学生讲述语法知识时也可加入一些跨文化交流的故事和事件，让学生对两国文化有更多的了解。

综上所述，日语学科的功能性赋予了交际教学法独特的意义，在进行教学工作时，教师使用交际教学法一定要时刻以学生为主，多培养学生的语言交流能力和应用能力。要将学生所学的知识和日常生活紧密结合起来，建立符合新课改标准的日语课堂，实现内容、形式及方法的创新。交际教学法作为一种新的教学方法，在应用过程中需要不断地实践和探索，总结出该方法的优势，教师也要对该方法进行了解和掌握，不断提升素质水平，不能用传统的应试教育方法来应对日语的教学。要切实帮助学生实现知识的灵活应用，为了给学生创设轻松愉快的教学环境，教师在情景创设方面需要多加研究，了解当前学生的特点和关注内容，调动学生的积极性才能让日语教学工作获得更大的发展空间。通过交际教学法在实际教学中的运用，我们发现该方法之所以能够取得大的成效和热烈反响，离不开"真实性、趣味性、新颖性、实际性"的特点，通过对不同的日语课程创设相应的情景，学生对教材的理解更加深刻，学生的知识面也更加广阔，学习思维更加多元化，自然而然学习成绩便会逐渐提高。交际教学法的一大进步在于该方法改变了传统以教师为主的教学方式，丰富的课堂内容给日语教学工作注入了新的活力，当然也对教师提出了新的要求。经过调查发现，对于传统的日语教学工作，通过使用交际教学法，学生的成绩有了明显的提高，并且学习的兴趣也在不断提升。通过问卷调查和访谈，发现学生对交际教学法都持赞成态度，认为该方法对自己学习日语有很大的帮助，这也充分说明了该方法对日语专业学习中不论是单词、句型还是阅读方面都有帮助。这样的结果也给大部分教师以启示，学生的兴趣是学习一门语言最重要的因素。在传统的教学中，教师要求学生机械地记忆、固定记笔记、反复练习、课下苦背，这种方式对学习能力较强的学生来说确实能够提升兴趣，但是被动地接受知识，学生的心理压力较大，对持续提高成绩较为困难。交际教学法的出现，让学生在愉快的氛围中主动学习，学生的积极性提升也会带动身边的学生主动学习，效果更加持久。所以该方法还可以运用于不同的专业学习中，让更多的学生享受学习的乐趣，同时给学生不一样的情感体验，让学生有更多的创作空间，提高日语的内化程度，最终帮助学生提高交际能力。

第五章　情景教学法在日语教学中的应用研究

第一节　情景教学法概述

一、情景教学法的基本内涵

所谓情景教学法，主要指的是教师在构建教学过程的具体环节时，引入或创设具有特定情绪色彩或形象内容的场景，通过提高教学的生动性，引导学生积极参与教学创新的实践过程，激发学生的学习兴趣，培养学生的学习动机，使其全身心投入学习过程，更好地理解教材内容和教学目的。尤其在日语教学中，情景教学法能够使学生的身心得到同步发展，同时有助于突破原有教学方法的条条框框，使学生实现知、情、意、行一体化发展，激发学生的丰富情感和浓厚兴趣，进而延伸学习探究过程和补充学习内容，实现日语专业课堂教学的优化。因此，情景教学法能够在日语教学过程中为实现课堂创新和教学转变优化提供首要条件。情景教学法能够从学生心理层面消除对日语学习的恐惧感，通过多种情景感受日语文化，也能够消除学生对日本文化的异样情感，在世界性交流互动过程中提高学生语言运用的技巧。

一般来说，"情景"作为一个特定词具有两个层面的含义：一方面指的是特定的景物、景观和环境；另一方面指人物、情节及人们在特定场景中形成的情绪波动或内心境界。因此将这一概念与情景化教学相结合，就能够得到情景教学的一般性理解。它主要以教师为主体，展现教师在教学实施过程中为了实现特定的教学目标，利用形象化、具象化的要素为学生构建生动的教学场景，进而使学生产生身临其境的教学体验。其核心在于激发学生的学习情感，通过学生对这些场景的情感投放产生对日语学习的想象力和语言应用能力。情景教学法一般用于各种教学活动，以提高学生语言应用能力为目标，在日语课程教学体系构建过程中辅助教师完成日语教学培养的根本目标。一般来说，日语教学中的情景可分为虚拟情景和实体情景两个部分，虚拟情景的构建过程大多应用于课内教学的实施环节，实体情景的构建过程大多应用于日语教学课外活动中。因此，日语教学中情景教学法的应用形式是多种多样的，教师需要结合具体教学内容采用更加有利的情景构建方式。

从近些年我国外语教学改革的基本规律和最终成果来看，情景教学法是一种新的教学方法。其目的在于充分发挥学生的主体性，为学生创设有关外语学习的学习情景，它能够充分遵循学生学习互动规律，满足学生心理发展特征，使学生在一种有意为之的特定情景中参与外语交流，提高外语应用技能，陶冶情操，磨炼意志，最终实现教学质量的整体提升。因此，情景教学的优势在于用更加鲜明的形象对原有语言教学内容进行具象化展现，从而在此过程中调动学生学习的兴趣。国内许多专家针对情景教学进行了多方面的探究。如某些学者指出情景教学法是符合当前素质教育发展背景的具体教学创新实践，不仅有助于利用改革创新内容推动我国教育不断进步，还可以为学生塑造更加立体化的语言环境，为学生提供更加多元化的知识应用场景和能力展示平台，从而对原有教学理念进行创新。另外，情景教学法的构建还有助于最大限度地发挥当前的信息化教学优势，如在日语学习中为学生提供更加真实的语言环境，使学生更熟悉知识点的内容，掌握知识的应用技巧，真正达到学以致用的目的。

二、情景教学法在日语教学中的基本特征

第一，情景教学法的适用性。在日语教学系统构建过程中，语言情景往往是学生语言学习提升的关键要素。因此，日语教师在根据教材内容设计特定教学情景时，要把握实用性原则，从学生学习、生活的日常场景出发，使教学情景满足学生对日语应用的基本认知。只有用更加真实、实用性的教学内容，才能真正打动学生，激发学生的学习热情，真正服务于学生。如教师可以在教学设计过程中发挥学生的主观能动性，根据学生生活实践经验构建日语学习的基本情景，从而设计出符合学生日常实践且具有实用性的日语教学活动，要有目的地利用连贯性

的教学内容重建现实生活中的情景。在情景教学过程中，真实性和实用性还应借助其他教学手段实现。例如，可以利用图片、文字资料、教学工具、视频文件、幻灯片、音乐作品等，或将这些内容进行搭配组合，为学生创造一种有助于日语学习的整体氛围，使学生参与其中，受日语语境的感染，从而自觉地调动自身的日语应用技能，形成语言应用的基本习惯。由此看出，从实用性原则出发构建日语教学情景，不仅可以激发学生的学习兴趣，而且能够发挥学生学习的主动性和积极性，提高学生语言应用的综合能力。

第二，日语教学情景的创新性。目前日语教学中最为突出的问题在于教学模式、教学手段应用的单一。因此，引入情景教学法必须发挥其创造性的优势。一方面，要调动学生的创造性能力，使学生在真实的情景或模拟的教学环境中感受语言习惯，认识语言细节，学习语言应用技巧，使学生创造性地掌握听、说、读、写的基本技能。另一方面，在参与情景教学活动时能够依托情景化内容展开对日语语言应用的联想、想象、记忆、观察、思索、创造，真正将书本上的日语知识内容转变为自身语言运用的工具，提高学生日语运用的真实能力。就情景教学的本质来说，构建教学情景的目的在于帮助学生克服以往日语学习中"死记硬背"的现象，使学生掌握更加高效的日语学习方法。因此，教师还应在教学课堂情景构建过程中注重对新旧知识的转换，同时要充分考虑学生可能感兴趣的语言话题和语言材料，利用特定的教学情景向学生提供具有创新性的语言材料，帮助学生在具体情景中实现日语交流互动。从这一层面来说，日语听力教学活动构建并非希望学生形成一种刻意模仿或重复训练的学习习惯，而是能够充分调动学生学习的积极主动性，主动创设知识应用的客观条件。

第三，日语情景教学法的交际性。日语学习的本质就是要提高学生的跨文化交际能力，在日语教学过程中要发挥其语言交际功能。因此要灵活运用情景教学法在交际互动中的信息接收和传递作用，使学生在听、说、读、写的训练过程中实现语言的双向互动。在特定的情景下，学生既是语言信息的接收者，也是语言信息的阅读者和输出者。因此要遵循交际性原则，在情景教学中构建更有意义的信息交流形式，使学生运用日语进行双向交流，置身于更加真实的语言情景中，提高学生语言应用的兴趣，激发学生日语学习的潜能，使学生踊跃参与各种形式的教学活动，成为学习的主人，自信地表现自我，通过深入思考语言应用的基本技能，实现知识应用能力的提升。

第二节　情景教学法在日语教学中的应用分析

一、目前情景教学法在日语教学中应用的主要困境

各种教学手段的有效应用一直以来都是教师进行教学创新与改革的主要途径，它能够进一步弥补传统教学模式的不足，为广大学生提供更加丰富且具有新鲜感的学习体验，同时还能够进一步提升教学效率。情景教学法在日语教学中应用普及之前，课程教学就存在教学方式单一、相关人员重视程度不够、师生互动差、学生兴趣低等问题，通过合理利用情景教学方式，能够有效地发挥日语课程应有的育人优势。随着全球化人才培养模式的不断发展，国内高校越来越重视日语与其他小语种的教学需求。但是对于高校日语教学来说，许多学生在之前从未接触过日语，因此不利于高校构建更加系统化的日语教学实施体系，最终取得的教学效果也不够理想，教学优化进程发展十分缓慢。

（一）缺少对情景教学法日语教学应用的重视

当前，高校不够重视对日语教学的优化，影响了高校日语教学效率与最终效果。许多教师在构建日语教学课程内容时拘泥于传统教学理念和教学模式。有关教学的变革创新只是在其中增添少数具有创新要素的知识内容，并未对原有教学框架进行整体优化。有的教师尽管意识到情景教学等新型教学理念的优势，但由于缺乏教学创新的系统性指引，不具备这方面的基本能力，无法将情景教学的基本要求融入日语教学情景创设的过程中。有的教师尽管创设了特定的情景开展日语教学活动，但内容脱离了学生学习、生活的实际场所，无法激发学生的联想能力，无法真正提高学生对日语知识内容的理解程度，也无法发挥情景教学在高校日语教学中的促进性作用。许多学生在日语学习中仍然感觉枯燥乏味，进而无法在参

与教学中获得良好的学习体验，最终也无法收获理想的学习效果。如果学生无法充分参与到课堂中，那么日语教学的课程设置就是失败的，尽管许多学生获得了较好的笔试成绩，但日语学习兴趣及未来在实际运用中的语言能力还是存在缺陷。

在较长一段时间，我国高校受应试教育思维的影响，在日语课程开展过程中片面重视学生的知识技能应用能力，制定的学生培养目标也大多是关于学生基础语言知识能力、跨文化交际能力、职业能力培养等内容，缺少对思想政治教学、文化育人等元素的融入。从目前高校日语课程教学体系建设来看，学校管理者和广大师生对情景教学法在日语教学中的应用重视程度不够，课程优化和教学体系创新基本停留在对学生基础能力提升及"听、说、读、写"教学实践等环节。开展的文化引导教学内容较为有限，同时并未与日语专业课程教学有机结合。在教材内容和教学资源的选择方面，忽视了学生主观性培养和职业化培养，也忽略了日语作为语言教学课程所具有的文化育人特质。许多高校设置的日语教学课程体系只是简单地选取国内外高水平高校的文献资料，最终沦为其他院校教学体系的搬运工，无法对学生进行正确的情景教学引导。

另外，日语实践教学在高校日语情景教学中具有重要作用，但目前许多高校缺乏为学生提供实践学习的机会，学生也无法从实际环境中检验自身情景教学的能力提升状况。尽管许多学生能够通过自媒体或培训机构学习日语，但学生参与学习的渠道仍然较少，他们无法根据自身发展的需求获取有用的信息资料。另外，许多高校尚未与用人单位达成有效合作，因此在实践教学培养环节，无法为学生提供足够的实践、实训机会。

（二）日语课程教学的开展存在机械性和功利性

许多高校的日语教师所构建的公共教学活动普遍存在机械性和功利性问题。如在进行课程规划与设计时只是对其他学科的生搬硬套，对日语人才培养和立德树人教学的根本目标并不明确，从而导致教学重点不够突出，学生无法有效把握日语学习的主次内容。日语教学的各种形式和手段也缺乏创新性，许多教师深陷传统日语课程教学的桎梏，很少对日语教学中所涉及的文化知识进行深入分析，同时对日语文化的知识掌握较为薄弱，有的只是传统单一化的课程讲授，教学存在机械性，无法真正调动学生学习的积极性。另外，在日语教学情景教学法应用过程中，教师无法充分把握日语教材与情景创设的融合性，无法在教学开展过程中找到日语教学和实践教学的结合点。他们在日语教学中不是忽视了情景要素的融入，就是直接将日语课堂变为语言类课堂，违背了课程体系优化建设的初衷。

许多高校在日语教学实施过程中并未构建较为良好的学习环境，导致学生日语学习主动性普遍欠缺。许多学生在日语学习过程中很容易受到外界环境的影响，当其遇到学习中的困难时很容易产生抵制、厌倦的心理，进而造成学习效率低下。还有许多学生认为日语学习主要靠死记硬背，对情景教学的方法不够理解，尚未认识到自身与学习环境对语言技能提高的重要影响。另外，许多日语专业教师更加关注学生对日语理论知识的学习与掌握，希望能够通过高效教学提高学生成绩，继而实现考取相关专业证书的功利性目的，因此无法根据学生的心理发展变化为其构建良好的学习环境，也无法使学生在更加轻松愉悦的学习过程中感受日语文化，领略文化交流的魅力。许多学生对日语学习不够重视。如有的学生因早期将英语作为其日常学习的主要语言，同时受到英语文化观念和学习经验的影响，因此当其转化成为日语学习者时，会产生学习方法上的某些偏差；有的学生将日语学习与英语学习相混淆，将英语学习的方法照搬到日语学习中；有的学生学习态度不够端正；等等。

（三）课程教学的评价体系存在缺陷

在文化育人视域下，要求高校日语人才培养更加注重学生综合能力的提升，因此传统日语课程教学的单一化评价体系无法适应当前课程教学优化开展的实际需要。在许多高校的日语课堂教学中，普遍缺少可以测量学习成果的评价指标，大多数教师过于依赖学生期末考试的阶段性成绩，并不重视对学生人文素养、思想道德、职业道德等素质进行评估。构建的课堂教学评价体系也不够全面，无法对学生形成正确的价值观引导。还有许多教师过于强调日语教学的科学性和技术性，将更多的精力放在对学生职业应用技能的提升和基础知识的灌输上，忽视了对学生情感体验的关注及对学生学习习惯的培养，最终无法对学生的综合能力进行全方位的了解，同时也无法反映"立德树人"的本质性要求。

二、情景教学法在日语教学中应用的主要优势

（一）有助于增强学生对内容的熟悉感

情景教学法有助于日语教师根据教学内容将学生比较熟悉的学习生活场景以较为生动、有趣的方式搬到课堂上，从而使学生对教学内容产生共鸣。有助于改善原先的教材内容或教学案例中脱离学生学习生活环境的问题，可以更好地激发学生对日语课程内容的求知欲望。如教师在向学生讲授有关"机场接机"的课程内容时，可以通过多媒体播放某人因为做事比较粗心，总是丢三落四，以至于在机场接机时闹出许多笑话的故事。学生在观看这一故事时能够代入其中，同时进行反思，找出自己在日语学习中做得不够完美的部分，进而约束自己改掉某些不好的习惯。因此熟悉的场景能够使学生更快地进入课程教学中，最终取得更有效的教学效果。在高校日语课程情景教学的创设过程中，全体师生要进一步明确日语学习并非片面对特定单词或句子进行重复性记忆，而应重视知识内容在生活场景中的应用。因此情景教学法有助于学生实践能力的提升，教师所构建的生活化教学情景正好可以使学生将理论知识内容转化为实践，并在此过程中激发学生的实践潜力，提高学生对日语的掌握程度。

在日语教学实施过程中，创设有关教材内容的特定情景，可以转变学生在以往的语言学习环境中形成的被动接受习惯，对学生原有知识体系进行改造，进而培养学生主动参与学习和主动进行知识探索的习惯。另外，情景教学还有助于为学生补充丰富多彩的语言学习资料，有助于学生复习课堂内容，并广泛涉猎日语学习的课外内容。如在学习教材中的课文时，学生会遇到许多中、日文化差异及许多有关日语学习的抽象性内容，教师通过构建日语文化教学情景，使学生了解日语文化，进而将课堂上的许多抽象内容进行具体转换，提高学生的理解能力，弄清楚日语学习中晦涩难懂的内容。学生要意识到日语学习与汉语母语学习相去甚远，如果仅仅机械记忆，就无法形成知识点之间的广泛联系和对日语知识应用、口语发音的准确把握。教师利用情景教学中的视频资源、图片资源和录音内容等能够打破原有教学模式框架，从而形成更加符合当代学生认知习惯和学习习惯的教学模式体系。

日语情景教学法有助于高校在日语教学体系构建过程中立足生活实践创设生活化情景，使学生对日语学习产生亲切感。日语情景教学法能够辅助教师做好教材内容的资源整合工作，从日语教材的主要内容出发，利用学生在日语学习中的记忆规律，帮助学生理解许多较为抽象的日语教学内容，发挥学生在日语学习中的主观能动性。教师应结合学生的日常生活创建教学情景，同时应与学校专业发展和学生的实际学习情况相契合。这有助于教师避免在教学实施过程中对日语教学案例的生搬硬套，进而采用更加生动灵活的方式，引起学生对教学案例的重视，有助于帮助学生改变消极的学习态度。如在日本文化中，许多内容是有关上下级和亲疏远近关系的敬语，这与汉语的使用习惯存在较大差异。因此，在日语学习过程中，应通过情景化教学，分清不同情况下不同人物关系应使用的敬语。尤其在借助多媒体教学的基础上，可以更好地帮助学生形成具象化记忆，提高学生对日语知识内容的理解程度。

（二）有助于激发学生的学习热情

情景教学法有助于教师转变教学理念，突破传统日语教学模式的束缚，使课堂气氛变得更加轻松愉悦，从而激发学生的学习热情。如情景教学法经常运用生活场景、实物演示情景、表演情景、音乐情景、语言情景等非常丰富的情景，能够在潜移默化中提高学生的学习兴趣，使学生融入一种欢乐放松的环境中，将学习与思考等活动变为一种发现、探索性的活动，缓解传统教学模式带给学生的学习压力和负担，将强迫学生学习变为学生的自发和主动学习。大学阶段的学生正处于认知发展的关键时期，他们的好奇心、求知欲都是非常强烈的，当他们进入那些引人入胜的教学情景中时，较为热烈的情绪很快被调动起来，他们会不由自主地参与日语学习的互动、游戏中，此时的日语课程学习就变成了探究、满足兴趣、自发学习的学习过程。

高校日语教学情景的创新还有助于进一步突出学生在日语学习中的主体地位。旧的教学模式中教师无时无刻不在强调学生日语机械记忆的重要性，因此学生基本形成了被动接受知识灌输的学习习惯。很显然，在这种模式中的广大学生并非课堂教学的主体，学生很难获得较为深刻的教学参与感，也无法充分发挥学生在日语学习中的主动性和创造性。通过构建生活化的学习情景，可以使学生在日语学习过程中沉浸于特定的情景、语境中且进一步激发学生日语学习的动机，使学生明确学习的主要目标，转变学生应试教育的错误认知，通过相互协作，将日语作为语言应用的工具应用在学习、生活的具体场景中。另外，情景教学法还有助于实现教师教学角色的转变，由传统教学模式中的主导者转变为日语学习活动构建中的引导者，学生也能够从被动学习转变为主动学习，真正成为日语学习课堂的主人。情景教学法还有助于将接受性学习转变为发现学习，充分发挥情景教学的优点，激发学生在日语学习中的浓厚兴趣。以商务日语教学课程内容为例，教师可以通过情景教学构建的方式在课堂教学中构建日语应用的场景；也可以带领学生实地参观相关公司或观看商务活动日语短片等；还可以采用小组角色扮演的方式使学生深入了解日语商务角色应用的具体场景，激发学生日语应用的兴趣，转变原有的学习理念，实现寓教于乐，乐在其中。

（三）有助于增强学生的知识运用能力

学生学习各学科知识的最终目的是有效地解决实践中的各类问题，因此，教师采用生活化情景教学能够帮助学生将理论知识应用到真实的情景中，提高学生的应用能力和实践能力。高校日语教学的相关内容与学生的生活息息相关，当学生在课堂上充分掌握了基本的语言知识后，可以立即在课后进行应用与检验，从而进一步提高日语语言的应用能力。如教师在进行"旅游购物"情景教学时，可以通过角色扮演的方式，借助生活中的情景道具，使学生进入特定的日语旅游购物场景中，通过感受不同语言的运用习惯，再加上教师生动细致的讲解，充分感受语言使用的差异性。这有助于提高学生对日语运用的熟悉程度，形成对不同文化内容形式的包容心理，当在生活中遇到语言运用的错误时，学生可以及时发现并纠正。新阶段的日语课堂教学可以让师生群体充分认识到日语学习的目的不仅是考试，而是使更多的学生在跨文化交流过程中与日语使用者进行更加流畅的交流互动。因此，创设日语交流的情景化教学环境，有助于顺应当前经济一体化发展趋势和文化强国战略。模拟学生在未来跨文化交际过程中的具体场景，进一步认识日语学习的最终目的是实现语言应用与生活场景相结合。教师可以辅助创设日语教学的旅游、饮食、购物、商业贸易对话交流情景，提高学生的日语交流能力，使其正确认识未来职业化发展的基本方向。

目前许多高校学生反映在参与日语学习的过程中，很容易产生枯燥乏味的感觉，因此很难产生日语学习的持续性动力。究其原因，许多教师只是照本宣科，无法根据学生学习特点和学习主动性构建针对性的教学内容。许多教师对通过实践教学提升学生日语应用能力不够重视，最终很难达到理想的人才培养效果。从教学实践来看，情景构建有助于更好地贯彻落实实践教学的基本要求，教师可以利用情景教学的多样化优势，提高学生的日语应用能力，同时增加课程教学的趣味性，有助于教师利用情景化教学构建日语课堂教学和语言应用的桥梁。另外，在当前信息化发展环境中，教师还可以突破原有的教学框架，为学生创设多元化的教学情景，帮助学生在参与日语实践活动的过程中感受不同语言的运用情景。例如，教师引导学生参与课后日语短视频拍摄，使学生在录制中感受不同语言使用的趣味性和差异性等。

（四）有助于实现立德树人的根本任务

在高校日语课程教学开展过程中，教师可以充分发挥我国传统文化育人的优势，将其中的优秀理论内容、道德追求、精神文化追求充分融入日语教学的创新实践中，使学生坚守爱国主义文化、红色文化和优秀思想。高校日语课程思想政治教育的开展有助于实现立德树人的根本目标，因此情景教学法有助于进一步构建协同育人的教学体系和课程体系，从而对原有日语教学结构进行创新。当前信息技术飞速发展，互联网环境也日益开放，高校学生在日语学习和跨文化能力提升的过程中容易接触到许多其他价值观和文化内容，这对高校学生思想引导工作形成了挑战。因此，构建日语课程思想政治教学情景，有助于进一步提高学生明辨是非的能力，从而在多元文化交流的过程中坚守正确的价值观和道德评价标准。将情景教学和文化育人理念融入大学日语课程教学过程中，有助于进一步丰富日语教学的内容和形式，促进日语教学实施载体和方式向着多元化的方向发展。情景教学要素的融入也有助于提高传统日语教学的灵活性和生动性，还有助于学生巩固课堂学习的知识体系，优化能力提升效果，进而在语言知识、实践技能提高的基础上实现综合素质的提升。从高校日语课程实施来看，它不仅是一门有关语言教学的基础性课程，同时是一门为学生提供更广阔的视野、促进学生了解其他文化的素质教育课程。因此，将情景教学法和日语教学相融合，便于教师在教学中进一步强调社会主义核心价值观的引领作用，从而使学生更好地树立文化自信，在之后的学习阶段积极主动地投入各类教学活动中，配合教师教学，树立正确的日语学习观，提升学习效果。

第三节　情景教学法在日语教学中的应用实践

一、情景教学法在日语教学中应用的基本原则

（一）以学生为中心

在进行情景化教学设计时，日语教学中的应用实践首先要注意充分站在学生的角度思考问题，思考采用何种方式才能更大程度地激发学生的学习兴趣，采用何种情景设置才能真正提升学生的日语素养。以学生为中心，首先要做的就是充分了解学生的身心发展特点，并将这些特点融入日语教学设计中。如学生普遍对动漫内容比较感兴趣，教师就可灵活运用动漫人物或动漫情节进行日语教学，构建充满动漫元素的日语情景教学环境，同时突出学生在日语学习中的主体地位，发挥学生在构建动漫日语教学情景中的主动性和创造性。原有教学模式更加侧重学生的机械记忆，学生在教学活动中往往处于被动接受的位置，很难参与到共同构建日语课堂的过程中，也无法成为教学情景中的主体。因此，要借助情景教学转变学生观念，使学生不再将日语学习看作应付考试的主要渠道，而是将其变为生活应用的实践技能。在情景教学参与过程中，学生能够从被动学习转变为主动参与，真正成为课堂教学的主人。

（二）理论结合实际

情景教学要注意将教材上的理论性内容与具体情景状况相结合，只有这样才有助于发挥情景教学的作用。另外，在理论与实际相融合的过程中，还要注意做

到灵活转化，避免生搬硬套，否则不仅无法体现情景教学的优势，而且会导致学生产生枯燥乏味甚至逆反心理。要知道在素质教育的背景下，学习日语课程并不是为了应付考试，而是要使学生在各种实践活动中充分应用所学知识，并为构建一个和谐稳定的社会奉献自己的力量。教师在教学实施过程中还要进一步立足实际情况，构建生活化的情景。这要求教师首先做好对教材的分析、挖掘，利用信息化渠道进行教材资源整合，另外还应当加深对学生记忆规律的认识，要利用情景教学的具体方式，帮助学生理解某些抽象记忆的内容，提高学生的学习效率。在目前的高等教育改革过程中，应用型人才培养越来越成为人们共同推崇的教学培养理念。因此，日语教师在情景教学过程中也应当立足学校或社会生活，让学生亲身经历日语语言情景，感受日语学习中的成就感和快乐感。

（三）充分尊重学生的个性化特点

在学生群体中，个性化、多元化的发展趋势越来越明显，传统的一成不变的教学场景很容易使学生产生枯燥乏味之感，无法有效调动学生对日语教学的学习兴趣，也无法更好地满足当前个性化人才培养的教学变革要求。教师应充分认识并尊重学生的个性化发展，要知道不同阶段的学生间往往存在一定的认知差异，甚至同一阶段的不同个体间也存在一定的个体化差异。日语教师在进行情景教学设计时，要做到因材施教，分层教学。要在教学实践中充分挖掘并培养学生在日语学习中的个体优势，如针对某些对日语口语感兴趣的学生，可以为其构建场景化的日语互动交流教学环节；针对某些对日语写作感兴趣的学生，可以为其设置开放性的日语写作题目，引导各类学生参与进来，同时用合理的方式指出学生存在的不足，使不同类型的学生能在日语学习中获得提升。

二、高校日语课程情景教学的运用策略

从整体教学实施来看，高校日语情景教学既能够对学生日语专业知识的学习过程产生促进作用，还能够在学习参与过程中陶冶学生情操，净化学生心灵，为学生提供更加自由开放的学习环境。学生只有真正从情景教学中感受语言组织的具体信息和支持转化过程，才能够真正促进学习过程，激发其表达欲望。因此，

高校日语教师应当针对学科发展特点积极将情景教学法融入课堂教学环节，助力教学变革优化过程。

（一）充分利用现代化的多媒体教学手段

情景教学离不开现代多媒体教学技术的支持，它有助于使教师所设情景更具真实性和趣味性，利用视频、音频、图像等资料，使学生以最快的速度领会教师的意图，并进入特定的情景氛围中。学生能够根据接收到的图片或实物内容，展开丰富的联想。如在进行日语听、说、读、写教学时，教师可以通过播放音频、视频等内容，借助投影和音响设备搭建一个体验式、回忆式的环境，使学生沉浸在日语文化活动环境中，进而深切感受日语的应用技巧。

教师应设置并引导学生开展日语学习的角色扮演活动。单纯使用课堂展示的方式并不能使学生真正领会日语语言知识在实践应用中的独特价值，大部分学生天生就有表演的欲望，因此教师可以充分利用课上和课下的时间，通过角色扮演的形式增强课程学习的趣味性，激发学生的学习热情。教师在进行日语单词教学时，可以采用全班参与的形式，让学生动手制作有关日语单词的图像和模型，并要求学生选择自己喜欢的角色并参与到游戏情景中。参与角色扮演的学生要模仿特定动作，其他学生要使用日语猜出模仿内容。此外，学生还可以共同构建日语面试的基本场景，依次上台用日语进行自我介绍，或讲述自己对某些文化知识的理解，或讲述发生在自己身上的有趣故事。这种方式能够有机地将教材学习内容融入角色扮演的游戏中，使学生在无形中感受日语运用的重要性，形成语言运用的观念。

在高等教育人才培养过程中，人们常说"要给学生一瓢水，自己要先有一桶水"，这句话强调了教师自身专业素养对学生培养的重要影响。因此在高校日语多媒体教学实施过程中，教师应当先习得更多的信息化知识和技能，引导学生善用日语学习软件、线上口语练习等进行自主学习，教师应以身作则不断引入适合自身教学的多媒体手段，使学生接受更加系统化、科学化的日语教学。同样在情景教学法运用过程中，教师应当通过自主学习来提升对多媒体教学方法的认识，借鉴其他语言类专业和其他学校的日语信息化教学经验，提高自身日语教学情景的构建能力及对课堂的掌控能力。高校应当重视对日语教师情景化教学素质的提升。如果教育者本身存在能力不足或知识欠缺的问题，很可能在情景教学实施过程中出现课堂教学失控现象，进而使情景教学无法达到应有效果，同时也会对学生知识能力提升的过程产生负面影响。目前我国高校绝大多数的日语教师尽管取得了一定的教学提升成果，但是不同院校之间的发展存在不小的差距，许多教师仍然会受制于发展环境的影响，造成教师群体的信息化教学素质普遍偏低。这部分教师无法将趣味性、创新性的信息化教学理念、创新型教学工具融入其中，而是被迫选择了保守的灌输式教学模式，无法满足未来学生信息化学习的需求。具体来说，教师可以利用"云课堂""慕课教学""日语词典软件"等设置特定的情景教学场景，使学生形成日语语言学习的良好习惯。例如，可以设置"日语查字典"等环节，鼓励学生多运用网络资源来对一些生僻的日语单词进行查询；也可以在日语写作训练过程中对学生提笔忘字、学习不主动等问题进行针对性指导，通过教学评价软件来对学生日语课业完成状况进行智能化批阅。通过动态的、虚拟的、群体性的网络教学情景，既可以使学生掌握日语应用的实践技能，也可以辅助学生突破日语互动交流过程中面临的时间和空间难题，化解日语学习中遇到的问题，并通过借鉴学习经验来实现学习水平的提升。

（二）以情景教学法为基础构建日语教学的多元能力培养机制

发现问题并独立思考的能力是学生具备创新意识的前提，任何创新性活动都是从发现问题开始的，使学生针对特殊的问题不断寻求解决的策略，并在这一过程中实现自身素养的提升。在日语情景教学中也同样如此，有时候采用直接传授知识的方式，并不能引起学生的学习兴趣，也无法使学生真正领会教学意图，这时候就必须借助一些教学手段帮助学生进入教学情景。如采用问题设置的方式，引导学生一步步展开深层次的问题探讨。在情景教学中，教师可以创设问题情景，主要目的是调动学生对日语教学内容的兴趣。教师的问题设置不仅要做到环环相扣，而且要具备一定的挑战性，只有这样才能够引导学生参与问题的探索。

利用情景教学法引导学生自我感悟。情景教学的过程还是一个学生自悟、辨析、体会教学的过程，情景教学法着重强调语言运用技能"生成"而非"预设"，想要实现日语情景教学的动态发展，不仅要依赖教师在教学活动之前的精心准备与设计，而且要发挥学生的主观能动性和创造性。在充分尊重学生个性化发展的前提下，为学生营造良好的氛围，通过情景再现，让学生体会构建教学情景可能遇到的各种情况，表达自身的真实想法，对日语应用技能的提升过程形成更加成熟的理解，在了解他人想法的同时更好地了解自己，最终达到日语教学的效果。日语教学本身就是一个生活色彩比较浓厚的过程，它以培养学生良好习惯为目标。教师充分运用情景化教学有助于学生将所学知识充分应用，真正做到"在做中学，在学中做"，教师也可利用这一方式调整教学设计，优化教学过程，改善日语课程教学效果。

文化素养的提升也是高校日语教学、人才培养中的重要环节。文化育人视域下开展高校日语情景教学必须以课程教学目标为核心，进一步提高广大师生对课程体系建设的重视程度。要在高校日语情景教学课程规划和顶层设计环节，进一步融入文化育人的具体内容，从而树立和强化学生的文化意识。首先，在日语情景教学大纲制定、教学计划和教学方案设置的过程中，可以融入更多的中华优秀传统文化与日本文化的对比性内容，在提高学生语言知识的基础上强化学生利用日语传播中华传统文化的能力。其次，在日语情景教学中强化对学生跨文化交际意识的培养，使学生树立正确的日语提升目标，主动承担对外输出中华优秀传统文化、加强中外经济文化交流合作的职责。最后，在课堂教学环节，还要将我国优秀传统文化内涵和社会主义核心价值观融入日语教学过程中。教师要进一步强调德育的文化培养价值，创新教学设计内容，更好地实现立德树人根本目标。

（三）提高高校日语教师情景教学的意识和能力

针对当前许多高校日语课程教师专业素质普遍较差及情景化教学意识较为淡薄的问题，高校要进一步增强师资力量，提升对日语教学与课程情景化建设的重要意义。教师是日语课程构建的执行者和引导者，因此创新高校日语课程教学体系首先要提升日语教师自身素养，要以教师德育能力和德育意识的提升为目标，提高对教师素质能力的综合性评价。首先，对于日语教师来说，要积极转变原有思维观念，将更多的精力放在情景化教学知识的学习和专业教学能力提升方面，进一步认识日语课程具有的现实意义。其次，广大教师要在教学过程中构建符合当前院校日语教学创新和情景教学体系建设的知识架构。如将更多日语运用的实践训练内容融入情景化教学体系中，要将正确的价值观培养和德育融入日语教学中，进一步提升广大高校学生的日语学习积极性，从而构建院校协同育人的长效机制。

在新文科建设视域下，教师要想真正发挥情景化教学和日语教学培养的优势作用，就必须进一步提高课程优化设计能力。在课堂任务教学实施等环节，要将职业化培养作为教学培养的出发点和落脚点，将更多日语职业化应用内容融入听、说、读、写等教学环节，进一步丰富高校日语课程情景化教学内容。另外，要尊重高校学生在情景化教学中的主体性地位，结合当前学生思想认识发展趋势与学习习惯，创新日语教学方式。在日语情景教学实施过程中，要充分挖掘日语教材中的德育要素、文化要素，精心为学生构建更具创新性和文化性的学习活动，从而进一步发挥我国多元文化优势，激发学生对优秀传统文化和日语学习的积极性。如在职业日语教学过程中，可以以"工作和生活"为主题，引导学生树立正确的职业发展观和职业道德观，进而加强学生对爱岗敬业、诚信友善的价值观认同，为学生以后的日语学习和职业化发展奠定良好基础。

（四）创新高校日语教学评价体系

在日语教学的新阶段，日语课程教师要进一步把握学生专业发展倾向和日语学习能力提升现状，进一步创新日语情景化课程教学的评价体系，保证日语课程教学的有效性。首先，在评价标准设置方面，教师要针对不同学生的素质能力差异，分为高、中、低不同评价层次和教学评价目标。其次，教师要在对学生基础知识能力测评的基础上进一步拓展学生综合能力评价体系，如加入对学生知、情、意、行及思想道德提升、日语文化背景知识方面认识程度的评价。在具体教学评价方式上，不仅要将过程性评价和结果性评价相结合，而且要将生生互评和师生互动评价相结合，要充分发挥日语教学的显性和隐性优势，以进一步提高日语教学的整体效果。要更好地促进教学评价体系由单一化向多元化发展，促进教学评价指标向日语听、说、读、写等方面发展。要合理设置教学综合评价指标，真正提升日语课程情景化教学效果。

总之，在日语教学的新视域下，高校要进一步将情景教学的理念融入日语教学的各类活动中。教师首先要认识日语情景教学开展的重要性和必要性，同时根据院校发展现状和人才培养目标规划，构建更加专业、全面的日语教学体系。其次要及时更新情景教学理念，进一步提高自身专业教学素养。高校学生也要充分认识日语教学、文化育人的重要价值，将日语学习的理论与实践相结合，在提高语言表达技巧的同时，强化社会责任感和文化传承意识，进一步凸显日语教学体系构建的人才培养价值。

三、日语情景教学的设计和应用过程

（一）课堂内日语教学情景设置

首先，在课文导入环节，教师可以利用情景教学法，用表演的形式优化内容导入过程。教师要想成功设置日语教学的基本情景，就必须对教材内容进行深度钻研，在这一过程中找出日语教学的重点和难点，体现日语教学情景化的基本特征，进而对教学导入进行整体设计。情景表演的形式要与知行合一教学原则相匹配，运用的语言和形式也要与日语教学优化提升相结合，构建的情景教学内容要与学生形成的语言知识进行重新组合，并在模拟交流互动的过程中充分调动学生听、说、读、写的能力，最终提升学生语言的实际应用能力。教师在进行情景设计时要充分认识其仅仅是实现教学目的的环节之一，并非教学实施的最终目标，因此在课文导入过程中要利用情景设计实现对教材内容的转化，这也是实现日语教学情景优化的出发点和侧重点。在教学实施过程中，日语教学的主要对象是广大学生群体，因此导入课文的情景设计也要做到对学生的充分了解，以便更好地激发学生对新课文的学习兴趣，最终使学生在潜移默化中随着教师进入对新课程内容的学习。在具体实施环节，教师可以通过为学生讲述小故事或内容表演，与学生共同讨论某个特定话题内容，从而进行内容导入，还可以与学生设计一些和课文内容相关的问题情景。在课文导入过程中应遵循针对性原则，要根据不同课文内容的独特性，采用差异性的情景导入方式，如针对叙事性的课文，可以采用讲故事的方式、对话方式及问题提问法。

如在向学生讲述日语时间表达的内容时，可以提前构建师生问答互动的情景导入环节，如向学生提出现在几点了？你几点起床？你从几点休息到几点？你每天学日语吗？你什么时候考试？你每天几点睡觉？通过问题激发学生对课文的了解欲望，从而使学生集中注意力，为之后的课程学习打下良好基础。在情景构建过程中，学生可以将看到的情节内容与听到的日语知识形成有机联系，充分调动学生的感官认知，形成对日语知识内容的生动化、具体化印象，同时还能够培养学生的听觉感知能力和记忆能力，辅助学生形成在日常生活中运用日语的思维习惯和语言习惯。在引导学生参与课程导入的过程中，应加深学生对日语语言内在含义的理解，着重训练学生语言技能的应用能力及日语综合实践能力。如在导入过程中利用情景教学优势，用听、说、读、写的方式补充日语教学内容，教师可以通过领读和领写起到带头作用，使学生主动运用日语知识内容进行交流互动。只有真正在情景中完成听、说、读、写的活动，才能够真正让学生感受语言文化的魅力，掌握语言应用的基本规律和具体技巧，并在此基础上增强学生对日语基础训练的掌握能力。

其次，在课文讲解过程中应构建针对性的情景内容。在日语教学过程中，教师应结合一些特定的语法知识点和典型剧情构建特定情景。教师也应在听力教学过程中充分利用教材资源，掌握教学的重点和难点，使学生感受语法知识和句型在特定情景中的深刻含义，进而加强学生对知识点的理解和掌握。如以增强学生兴趣为目标，构建创新性的课程讲授语言情景，使学生积极参与进来。教师应以当前课程改革为依托，利用一切资源和条件，为学生创造现实性的、生活化的语言学习环境，提高学生对日语特定剧情和语法的掌握程度。如在日语课文讲解过程中会碰到许多日语惯用词组和短句，教师在讲解课文内容时可以通过向学生表演吃药、喝水、吃东西等特定动作，使学生理解惯用词组的组合用法。教师还可以在课程讲授过程中引导学生上台表演或互相配合，表述日常生活中的动作内容。教师可以在课文讲解过程中采用"你来比画我来猜"的方式，让学生配合表演，通过情景演练加深学生对日语知识的深入理解，使学生能够更加灵活自如地运用词组变化，完成知识能力提升的目标。

在《新版中日交流标准日本语》教材内容设置上，编写者为日语学习者构建了基本课文、会话练习、应用课文和课后训练等模块，而对教材中的课文进行深入学习和分析是掌握教材内容的重点和核心。教材往往将本单元用到的重要句法、文法进行充分展现，因此教师也应在内容讲解过程中构建特定情景，使学生掌握课程中的会话、听力、语法内容；教师还要对课文涉及的话题进行知识拓展，进一步开阔学生日语学习的视野。在课文教学情景设计环节，教师要构建师生之间互动交流的有效渠道。在导入新课的基础上，运用实物或创设特定情景向学生展现可能学到的新句型和新单词，使学生在接触实物的过程中，养成通过知觉、听觉、感觉加深日语学习记忆的习惯，从而更加准确地捕捉语言材料内容。如可以结合旅游专业内容，提高学生在日语学习互动中对旅游场景日语应用的专业能力。对于教师来说，可以借助图画内容、幻灯片、录像或动作表情使学生理解新课文的主要内容，从而提高学生的听力敏感程度，创新原有教学模式。当学生大概了解课文主要情节或内容时，教师可以通过抽查提问的方式掌握学生对知识的理解程度，再利用录音或视频内容使学生感受正常日语的语调、语速，提高学生的视听结合能力。在情景教学中，教师还可以通过提示关键句子和词语的方式，帮助学生加深对单词的深刻记忆，进而完成课文内容复述的目标。

在会话情景设置过程中，要重点培养学生的语言交际能力。如在新版标准日本语教材中涉及大量的语言替换和转换练习，如果仅仅依靠机械重复及习题训练，很难使学生掌握日语交际的基本能力。这就要求教师在教学设计中通过构建特定会话内容来达到情景教学交流互动的最终目标。如在进行听力训练之前，可以通过向学生播放日语电视剧片段，或向学生介绍日本语言文化、民间习俗等，使学生通过听录音提出特定的问题，进而形成在日语学习过程中边问边答、边思考的习惯。要求学生在回答问题的时候用日语表达，提高学生对录音内容的掌握程度及对会话内容的编写能力。

在采用情景法教学时，教师要根据特定的语法知识内容选择相应的原材料，以确定语法教学的突破口。在第二外语日语学习过程中，语法学习一直以来都是教学的重点和难点。因此,教师要充分利用情景教学的优势,化解语法教学的难度。如对语法知识内容进行梳理和归类,使学生对整体语法点的变换应用有基本认识和整体感知。同时可以为学生配备趣味性十足的对话或特定的图片内容,使学生大致了解语法内容。教师在向学生展示人物对话图片时,可以引导学生通过视听结合的方式理解语法含义,从而结合日语语法知识的内容加深学生的理解。学生可以以小组配合的方式进行模拟对话表演,通过模仿练习加深对语法知识的应用。另外,学生需要说出与图片内容相关联的句子,这一过程也是教师引导学生利用新单词、新词组练习语法的互动过程。教师还应利用情景教学法突破原有知识学习的重点和难点,尽管当前许多学生对日语理论知识和单词储备具有较为清晰的认识,并积累了许多语言应用材料,但有关日语学习的观察能力、分析能力、推理能力和总结归纳能力还不够理想,许多学生尚未形成高效的日语学习训练机制。因此在语言创新过程中,要利用情景教学法对原有非系统化的知识点内容进行重新归纳和梳理,打破语法知识学习的障碍,实现在情景中训练的目的。

（二）基于情景教学以多种形式增强日语课堂教学的趣味性

教师在进行课堂转换和情景化教学构建时,可以使用多种多样的形式来提高日语课堂教学的趣味性。如在日语教学中可以针对口语训练组织实践应用活动、口语交际活动,以充分培养学生的跨文化兴趣;还可以通过构建口头内容复述、值日报告和角色扮演的情景教学活动,将教材中原本较为枯燥的素材资料转变为更加真实且趣味性十足的互动内容,赋予日语教学创新性。学生也可以根据不同小组的兴趣点,自发组织日语学习的辩论活动、评论活动、学习经验交流讨论,或使用线上聊天的形式,与日语母语者模拟日常交流场景,提高日语学习的参与感,在无形中提升口语交际能力。

高校日语教学的专业教师必须提高对学生群体兴趣演变与发展的敏感程度,如在当前信息全球化、网络化发展的背景下,学生接触的日语内容与几十年前有了非常大的改变,其途径可能是影视剧、搞笑综艺、日语动漫、新闻等。这些内容为构建多元化、趣味性的日语教学情景提供了新的思路,有助于充分挖掘学生在日语学习中的潜力。教师可以构建生动性的语言氛围,利用影视歌曲等学生普遍喜欢的内容和形式，如可以对日语原版歌曲和影视作品内容进行筛选，对其中包含的知识点、语法信息进行提取，从而引导学生对电影台词、歌曲歌词内容进行学习赏析，归纳出其涉及的语法知识，将原本较为枯燥的日语语法教学变得更加趣味化。尤其是可以利用一些中文翻唱版本的日语原曲，充分激发学生的学习兴趣，使其可以自主参与日语教学素材的分析与讨论。随着网络的不断发展，许多学生已经习惯从电影、电视、动漫、电脑游戏中接触日文信息，因此教师可以利用这些信息提高学生的日语学习能力，为学生参与日语学习提供新动力。日本和中国在许多生活习惯上存在差异，在情景训练过程中如果适当为学生普及这些文化差异点，也是可以激发学生的日语学习兴趣的。在日语文化背景情景构建过程中，学生如果能够在积累日语词汇、语法等基本要素的基础上了解日本更多的生活、饮食、习惯特征，那么就能够在更加轻松愉悦的环境中参与日语教学，进一步提高日语文化素养。如当学生观看日剧或日本电影时，可以引导学生对说话者的遣词造句及说话者之间的关系进行分析，使学生把握好语言听力的关键。有关文化差异方面，日本人在敲门时一般会敲两次，如果敲的次数过多，很容易造成对他人的冒犯；进入别人家戴墨镜是一种失礼行为；在拜访他人时，如穿风衣，应在门外先脱掉外套，叠好之后才能敲门等。

高校日语教学应当利用情景教学的方式创新课堂互动模式、活跃课堂气氛，激发学生的学习兴趣。如教师要转变自身角色，在互动性教学过程中成为情景教学的主持人；也可以将整个教学课程分为几个栏目或若干个教学环节，进而围绕课堂教学的主题设计每个栏目或教学环节的内容。对于许多刚接触日语学习的学生来说，记忆日语单词非常枯燥和乏味，且效率较低，因此教师可以在情景教学模式中进行词语接龙，或与学生共同参与学习五十音图的游戏。只有培养学生对日语学习的兴趣，才能够为其深入学习打下良好基础，消解学生对学习的枯燥感和排斥感。另外，教师在构建日语教学的特殊情景时，应当注意情景构建的时尚性和真实性。许多日语教材往往通过某些长难句或晦涩生硬的句子来开展教学，这些内容不适合直接放到教学过程中。因此，教师应当进行语言转换，将教材中的枯燥性的语言转化为年轻人感兴趣的流行方式或句子内容，以便学生以更加轻松愉悦的心情来参与情景教学互动活动。如融入年轻人喜闻乐见的生活场景或流行语，也可以向学生介绍当前日本年轻人较为感兴趣的流行词，增强学生文化交流意识。另外，许多学生对日语学习的第一印象来自动漫，因此也可以以动漫情景为切入点构建日语教学情景，提高学生对语言学习的延伸性。可以说，学生和教师共同构建学习情景的过程是一个由情绪产生教学认知的调动过程。在这个过程中，那些被用于进行语言功能训练的实际案例或具体场景能够为学生提供更加真实的语感环境，进而辅助学生将语言知识转化为实践应用能力。因此，只有创设的情景更加准确、生动且活泼，才能够提高学生信息传递的主动性，才能够将枯燥的日语单词、句子与动态化的实物、图画、动作相联系。

（三）构建课堂外实践情景，巩固教学成果

在高校日语教学过程中，学生既要完成作为学习者语言输入的环节，也要完成最终语言输出，实现语言互动交流的整个过程。从目前来看，我国高校尚未形成较为完善的课堂教学实践机制，这很可能导致教师所构建的情景教学法无法产生相应的效果。语言学家斯温曾总结了在学习中语言输入环节方面的积极作用，主要包括辅助学习者完成自身语言应用假设，提高学习者语言表达的主动性，提升学习者语法处理能力，发展语言学习者语言应用技能。在实际建设过程中，往往整个班级内学生的日语学习能力和基础会产生两极分化，这在一定程度限制了教师构建一体化的课堂教学组织模式。从未来日语人才培养趋势来看，教育应培养具有必要理论知识和强大实践应用能力的一线人才。这就要求高校在情景教学构建过程中，应当为学生提供更多与实际岗位技术相契合的机会，构建课堂外实践教学情景，以便与课堂情景教学相呼应。

目前，许多高校学生在日语学习过程中普遍表示学习过程较为枯燥乏味，因此教师只是照本宣科的话，即使形成情景教学的基本模式，也无法发挥其应有效果。只有真正通过实践参与才能更好地巩固教学成果，同时参与实践也是检验情景教学有效性的重要部分。它不仅有助于提高学生的学习兴趣，而且能够通过组织各种对话活动或共同参与短视频拍摄，感受日语文化魅力，提高学生的语言交际能力。从未来发展来看，对高校学生日语应用进行培养，对发展我国高等教育建设有着非常重要的意义。

　　从目前来看，许多教师在进行日语教学时普遍存在对实践教学重视不够的现象，这会直接影响学生对日语情景教学及专业提升的态度。许多教师就是忽视了将理论教学与岗位实践要求相结合，才导致了学生在最终求职过程中无法与实际生产活动、生活服务、商贸往来等技能需求相匹配，甚至在企业面试环节无法达到企业规定的对日语口语能力的要求。因此，为了摆脱这一状况，高校应进一步调整实践教学比重，如可以适当减少理论性内容，增加听、说、读、写、翻译等实践教学环节，要时刻提醒学生进行口语训练实践。另外，教师可以针对班级教学的具体情况，组织演讲比赛、口译比赛、翻译比赛、日语模仿、面试、场景演练等活动，要充分调动网络资源、实训教材资源，创造日语实践教学新模式。

第六章　SPOC 混合式教学法在日语教学中的应用研究

第一节　SPOC混合式教学法的概念界定与理论基础

一、相关概念界定

（一）SPOC定义

SPOC（small private online course，即小规模限制性在线课程），最早由美国教授福克斯提出，并在之后的课程教学实践中得到普遍应用。从当前数字化教学发展的基本模式来看，SPOC 教学是之前慕课教学的延续和发展。如其中的"小规模"概念可以对应慕课教学的大规模，与慕课教学相区别的 SPOC 教学规定了学习者参与的基本数量和特定的范围，如它的教学规模一般不会太大，从几十人到几百人不等。而慕课教学不限制学习者的参与数量和覆盖范围。SPOC 中的私密性（private）主要对应慕课教学中的开放性。它要求参与小规模限制性教学的学生必须满足限制性准入条件，即只有达到一定专业水平的学习参与者才被允许进入 SPOC 教学。许多学者、教育专家也对这一理念进行了多方面的探讨和研究，他们对这一概念的定义进行了概括。如美国加州大学的教授 Armando Fox 认为 SPOC 是小规模人群获取在线课程进行学习的模式，尽管它吸收了慕课教学和微课教学的相关理念，但不同的是，SPOC 更加贴近教育服务对象的现实需要，也就是它更加注重校本化课程的开发。[1] 麻省理工学院的教授 Anant Agarwal 认为可以将 SPOC 看作慕课教学和线下实体教学相结合的混合式教学模式。[2] 国内学者曾明星等认为，SPOC 必须以尊重学生个性化发展为基础，满足学生深层

---

[1] 周佩 . SPOC 的本土化探索及启示 [J]. 教育与教学研究 , 2016, 30 (5): 108–112.

[2] 尹合栋 . 后 MOOC 时期基于泛雅 SPOC 平台的混合教学模式探索 [J]. 现代教育技术 , 2015, 25 (11): 53–59.

次的发展需要，实现慕课教学在高等素质教育的普及性发展。[1]贺斌、张芮在其研究中提出，SPOC 本质上是一种混合式教学和参与式学习相结合的模式，它能够设计出更高质量的慕课教学资源，打破传统教学流程。陈然也在有关 C 语言的教学实践中进一步实践了 SPOC 混合式教学模式，最终取得了更加良好的教学效果。

从这些研究可以看出，专家学者对 SPOC 尚未形成一致性的定义，但从中也可以找出许多共性的研究结论，如 SPOC 混合式教学模式和慕课教学形式都是进入信息化时代之后形成的"互联网+"教育创新教学模式。SPOC 本质上是对慕课教学的优化和发展，它更加注重参与线上教学，以及对学习者的规范和约束。在教学实施过程中，教学组织者认为这种小型限制性教学能够针对学习者的学习动机和能力差异，更加精准地输出教学信息内容，同时能够利用网络管理的优势条件对学习者的学习能力提升状况进行长期监督，并对其进行针对性指导，有效减少因教学参与者过多而给学习者带来的不利影响。

（二）混合式教学模式

混合式教学理念是我国高等教育当前引入的一种创新教学理念，主要强调的是将传统教学形式与网络教学有机结合，从而提高教学效率，优化教学效果。在大学日语教学中，师生互动教学也是一种新型混合教学模式，该模式的应用主要是为了在混合式教学模式的基础上，进一步发挥学生日语学习的自主性，转变教师主导的传统教学方式。具体实施主要包括教师课件资料的发放、课前备课、学生角色转换、师生互动讨论、课后总结及资料上传等环节。主体性教育理论认为，教育者应当在教学实施的过程中根据当前社会发展的现状和需要，通过启发和引导的方式调动受教育者的主观能动性，形成正确的学习目标，构建更加宽松、自由、和谐的受教育环境，使学生最终成为有自主性、能动性、创新性的学习主体和实践主体。因此，在大学日语教学的过程中，相关人员要认识教师与学生之间是一种相互依存、相互统一的关系。在师生双主体理论中，教育教学的根本目的

[1] 曾明星,李桂平,周清平,等. 从 MOOC 到 SPOC:一种深度学习模式的构建[J]. 中国电化教育,2015(11):28-34+53.

就是充分发挥师生双主体的作用，转变传统教学中师生间的对立关系，构建新型师生互动形式，最终实现教和学的有机统一。

在线上和线下混合教学的不断发展中，越来越多的高校以新兴技术媒介为基础形成了学习部落的主要模式，这为日语教学活动提供了技术支持，拓展了教学探究的可能性。在学习部落内部，人们更加强调个人自由和部落化认知，成员形成对某一事物的共同判断，进而将个人的理性上升为整个群体的共同意识，学习更加注重垂直性、互动性和对话性。学习部落也面临形式化、信息茧房等发展危机，这阻碍了线上、线下教学新模式构建的有效性。随着各种智能化设备与信息化技术的不断普及，人们获取信息的效率越来越高，获取相关知识也越来越便捷。但在网络环境中，往往存在不理智的争吵，无法进行平等的对话和探讨，在教学过程中也同样如此。因此，如何培养具有批判性思维能力的学生是新时期教学创新中需要解决的重要课题，如何利用互联网时代普遍存在的部落形式转变学生的认知习惯、培养其知识探究意识，需要每一位教学参与者共同进行教学实践，激发学生的学习动机。

混合式教学是随着新时期网络教学环境所产生和发展的一种新型教学模式，"混合"的教学理念在教育理论研究中早已出现，概括来说就是综合利用多种方式进行教学，只不过在当前信息化时代表现为将应用教材、课堂板书、多媒体展示及线下网络教学充分结合的形式。这一教学模式的突出优势是能够最大限度地发挥线上教学和线下教学的多重优势，并实现两者的优势互补。具体实施中要求教师利用"线上＋线下"的形式巩固自身在教学中的主导性地位，同时通过引导、启发等教学手段发挥学生的创造性、想象力和主动性。这种方法有助于转变当前大学日语教学中学生参与度低、主动性差等问题，还能够极大地延长学生日语学习的有效时间，提高学习效率。日语混合式教学模式是在混合教学、传统日语教学模式的基础上发展而来的教学形式，在实施过程中，传统日语教学主要由两位或两位以上教师担任一门课程的教授工作，其中包括共同进行课前备课、课堂授课等教学环节，其目的是充分利用多位教师的教学经验实现教师知识储备和教师技能的相互补充，对学生进行更加广泛、科学的专业能力教学。而新时期混合教学模式与传统模式有着一致性内容，同时又有所创新和发展，如新时期混合式教学是基于混合教学发展起来的，并且在实施中学生发生了角色上的转变，即学生也可以在课程教授的过程中扮演教师的部分角色，成为"双师"之一。这一模式对加强师生有效互动、提高学生的参与性有明显的效果。

二、理论研究基础

（一）建构主义学习理论

建构主义学习理论也被称为结构主义理论，最早由心理学家皮亚杰提出。皮亚杰在探讨有关儿童教育的相关课题时发现，儿童所形成的主要认知始终与自身和外部环境的相互作用密不可分，这种相互作用有助于儿童形成对客观世界的整体认知结构，从而不断丰富自身知识体系内容。科尔伯格与维果斯基等心理学家在这一理论研究的基础上，对建构主义学习理论进行了完善，提出了抛锚式教学、支架式教学、随机进入教学等创新教学模式，为未来建构主义学习理论的逐步完善打下了良好基础。我国引入建构主义理论主要是从 20 世纪 90 年代开始的，当时国内许多学者和专家针对建构主义学习理论内容展开了激烈的讨论。随着网络信息技术的不断发展，"互联网 +"教育的不断普及，现代化教育改革也进入创新发展的新阶段。许多教学参与者将建构主义教学理论应用于教学设计过程中，并在人才培养中取得了较为理想的应用成果。在高校日语专业教学过程中，教师融入建构主义教学思想，实现了理论创新与日语教学创新的有机融合。相关学者也展开了有关建构主义日语教学的内容探究。例如，铁玉霞在其研究中以建构主义支架理论的日语专业大学生写作资源开发和教学情景设计研究为切入点分析了日语听力教学创新教学模式构建的具体策略，提出要根据日语教学内容设计的基本理念，形成动态化、超文本、立体化、信息化、自主性的日语教学建构内容。[1] 柴妍、崔珂铭、彭映婷等在充分探究建构主义学习理论的基础上，以专业公共日

---

[1] 铁玉霞. 基于建构主义支架理论的日语专业大学生写作资源开发和教学情境设计研究 [J]. 教师，2023(20)：54-56.

语教学改革的探索为主题，构建了学生中心制的互动教学模式。[1] 通过这些实践探究可以发现，该模式能够充分调动学生在日语学习中的主观能动性，有助于利用信息化教学手段创设合作学习环境，同时对原有生生互动、师生互动的基本模式进行网络化、信息化重构，最终有效提高了高校日语教学的整体质量，提升了学生日语应用的实践能力。

按照建构主义学者的理论研究成果，任何教学实践活动的构建都必须具备特定情景、会话、协作和意义构建。建构主义者主张利用学生在参与过程中形成的情景化互动，发挥学生中心主体性优势，调动学生的创造性和主动性，辅助学生进行知识体系重构。建构主义理论学者强调进一步突破传统教学的模式，转变教师在教学构建中的中心地位，实现教学角色转换，发挥教师作为教学设计者、督促者、引导者、组织者的优势作用，同时还要充分结合学习者的学习情况，利用小组合作、互动交流丰富学生学习参与体验。另外，建构主义学习理论还要求在人才培养中提高实践应用能力，发挥学生自主性学习优势，真正实现新旧教学内容的有机融合。

从本质上来说，建构主义学习理论与本章探讨的 SPOC 混合式教学模式有着良好的适应性，因此在教学探究过程中要将建构主义理论的要素内容充分应用到 SPOC 混合式教学模式探究过程中。如以 SPOC 混合式教学模式为基础构建的线上教学平台"蓝墨云班课"能够将任务驱动、混合教学等理念进行有效实践，并且对原有生生互动、师生互动的基本模式进行创新构建。在具体实施过程中，教师一般会利用这些情景创设激发学生的学习兴趣，利用线上教学平台完成线上、线下混合教学的有机补充。学生能够在课程平台上独自完成教学任务，为课堂教学的有序进行打下基础。在课堂教学过程中，教师还会引导学生形成小组探究互动学习模式，学生作为学习的主体，教师转变为学生学习的监督者和指导者，在此过程中，学生能够充分发挥团队协作能力和主观能动性，学生通过小组讨论分析完成知识体系构建。在教学评价环节，SPOC 混合式教学模式有助于构建多元

[1] 柴妍，崔珂铭，彭映婷，等.基于建构主义涉海专业公共日语教学改革的探索 [J].才智，2020(7)：163.

化的教学考评机制，学生能够通过学习经验实现新旧知识的更替，在课后习题和任务完成的过程中，更好地巩固原有的知识体系，促进知识内容的吸收和内化。

（二）掌握学习理论

掌握学习理论概念最早由美国心理学家、教育家布鲁姆提出，又称优势学习理论或熟练学习理论，主要指的是在传统班级授课制的基础上为学生提供更加充分的自主探究学习空间，从而针对不同学生群体存在的学习特点差异、学习水平差异进行个性化辅导，满足学生自我能力提升的个性化需求。在教学指导过程中，教师应及时、准确地收集学生反馈的信息，对学习实践活动进行矫正，促使学生不断掌握新型教学思想和教学理念，推动课程顺利开展。掌握学习理论的基本理念可以概括为"为掌握而学"，该理论提出的掌握学习概念是让学生更好地掌握知识内容和应用技能。在教学测评环节，传统教学模式主张运用曲线模型对学生的学习成绩进行综合考量，根据学生学习成绩将学生群体划分为优等生、中等生和后进生三个层次。教育学家布鲁姆在研究过程中发现不同层次的学生拥有的学习能力、学习基础都不同，如果对原有教学设计理念进行优化，为不同层次的学生构建特定的教学培养内容，那么会发现每位学生最终都会获得提升，同时也会更加高效地利用学习时间、学习资源和学习成果。为此，布鲁姆在理论探究过程中强调教育活动面对的永远是全体学生群体，不应对学生进行等级划分，而是要构建更加理想化的理论内容，使能力水平存在差异的学生得到关注和指导，最终使学生实现学习成绩的综合提升。

在实践教学活动构建过程中，不可避免会对学生群体进行层次划分，甚至广大师生对某些后进生存在刻板印象和偏见，因此将掌握学习理论融入高校日语教学课程规划，有助于针对学生个体差异确定学习资源和学习内容，同时有助于激发学生的学习自信心，保持学习主动性。掌握学习理论的运用，打破了传统教学模式中的层次划分理念，顺应了现代化教学改革的整体趋势，进而为之后的高等教育转变提供指导。

掌握学习理论体系对影响学生学习成绩的多个变量进行了量化分析，提出对学生学习成绩提升影响最大的几个方面，即学生的认知准备状态、教学整体质量及学生情感准备状态程度。在实践探究总结环节，研究者发现学生本身的认知准备状态对学生学习成绩的影响占50%；教学整体质量对学生学习成绩的影响占25%；学生的情感准备状态与学习主动性对学生学习成绩提升的影响，占比为25%。[1] 由此看出，如果在教学过程中对学生认知准备状态不够重视，就会造成不同学生在知识掌握层次上的差距越来越大，或者对学生在学习中形成的自信心和成就感造成打击，从而失去意志力，这不利于学生在学习中保持良好的学习动机。在布鲁姆的理论中，他将学生的情感特征和认知状态作为学习优化提升的重要前提。另外，他还强调在教学评价环节要进一步减少终结性评价的比例，多关注学生的形成性评价，要构建掌握学习理论基础上的反馈纠正系统，即纠正学生对已知知识掌握的偏差，同时教师也要对教学优化的过程进行整体性评价，不断反思教学实践中存在的问题和不足。

第二节　SPOC混合式教学法背景下日语教学改革的现状与价值

随着信息化教学在高等专业人才培养中的不断普及，人们对高校日语课程教学模式也有了更高的要求，尤其是在当前"百万扩招"人才培养战略背景下，高校日语课程教学进行混合式教学创新对培养高水平技术人才具有非常重要的意义。高校日语课程是高校学生专业课程体系中的重要组成，并且经过多年的改革与实践，高校逐步形成了相对完善的课程教学体系，各院校教师也积累了非常丰富的日语教学实践经验。

日语课程在高校专业课程体系中占据着重要位置，它不仅是高校第二外语学生需要掌握的基础性课程内容，而且能够进一步渗透到其他学科和领域，对学生综合能力的提升起到促进作用。随着当前社会人工智能和信息化技术的不断发展，混合式教学已成为多门专业课教学开展的基础性内容。其实践性较强，旨在培养学生有关日语语言技能的理论知识、语言实践中的创新应用能力，同时还能够培养学生良好的职业道德素养。随着新教学技术的引入与人才培养目标的调整，当

[1] 周庆. "掌握学习"理论在高中英语阅读教学中的应用研究 [D]. 湘潭：湖南科技大学，2022.

前高校日语课程教学中还存在实践教学缺乏、信息化程度低、教材内容滞后、教师信息化素养偏低、授课形式单一、师生互动受阻等问题。这就要求高职院校教师进一步顺应当前 SPOC 混合式教学创新发展趋势，实现新旧教学模式的有机融合，进一步构建线上、线下协同育人机制，优化教学效果。

一、SPOC混合式教学法背景下高校日语教学面临的主要困境

（一）开展日语教学的形式比较单一

长期以来，我国高校在日语课程构建中普遍采用传统的以教师为主导的单一教学模式，这种模式在实施过程中主要依赖教师的主导性优势，通过向学生单方面进行知识讲授和传输完成教学，同时学生通过记笔记的形式，被动接受各种教学信息，师生间的地位存在明显区别，并且在教学活动中师生间的互动较少，师生关系不够密切。在课堂上，要求学生必须严格按照教师的要求完成一定量的作业任务，以巩固课堂所学知识，在主体教学模式之外，一般不会设置其他辅助性的教学形式。总的来看，这种模式尽管有助于学生在课堂上获得足够多的理论知识，但不利于学生养成独立思考、自主学习的习惯，许多学生并不具备必要的思考能力和实践能力，因此无法将日语跨文化交流能力运用到工作或生活中，尤其是近年来网络技术、信息科技的飞速发展，学生获取学习资源的途径也变得多样化，单一教学模式无法更好地满足 SPOC 混合式教学等信息教学的现实需要，以上因素共同促使日语教学要进行创新性变革。

（二）教学开展较困难

个体存在差异。每个人的学习能力和日语视听说基础都是不同的，而且大学阶段的学生已经经历了多个阶段的日语学习，加上全国各地日语教学的质量和方式存在很大的差异，大学生日语素养的个体差异被进一步拉大，导致日语教师在视听说课程的起步阶段面临较大困难，并且无法制订出面向全班学生的听力和口语教学计划，导致学生的学习体验比较差，无法实现教学的预期效果。另外，视听说课程的课时安排在日语教学中的比重非常有限。在有限的时间内，教师往往无法兼顾视听说教学和答疑等教学环节。为了完成规定的教学计划，日语教师只

是补充性地在课堂上播放有关视听说教学的音频、视频资料，一个课时下来，学生很难获得实质性的提升，学生产生了疑问，教师也很难有机会进行针对性的解答，这同样为视听说课程的开展增加了难度。

内容设置不科学。从当前的大学日语视听说课程来看，许多日语教师受传统教学理念和教学习惯的影响很深，习惯将阅读、口语、听力等能力培养割裂开来，进行独立的模块化教学。在阅读教学中，学生很少发声，也很少听原文录音；在做听力练习时，学生只是单纯地听录音并进行解题；口语练习更多的是进行机械化的重复或对话训练。这就导致学生无法将视听说学习进行有效融合，综合能力的提升也较为困难。在日常的日语教学活动中，教学活动总是围绕教师进行，学生的自主性被压制，尤其是日语的视听说能力培养需要进行互动性的练习，而传统课堂比较缺少师生间和生生间的互动活动，教师尚未利用好混合教学等新型日语教学模式，学生在课堂上积极性较差，甚至有的全程心不在焉，师生间很难形成涵盖线上和线下的紧密联系，更无法提高学生的日语听说能力。

教学评价较单一。大学生的日语听说能力普遍较差，许多日语教师面对这一现状往往降低教学评价的标准，在日语视听说练习时只是设置一些学生的适应性练习内容，对学生的能力考查并没有硬性的规定，导致学生对日语应用技能和跨文化交际能力的培养不够重视。在教学评价时，教师只是采用效率更高的成绩评分形式，无法利用混合式教学的信息化手段实现对学生多方面能力的考查，评价结果与实际教学情况匹配度较低。

（三）日语教师缺乏教学模式创新的动力

在许多高校，大多数的教师习惯采用传统的日语教学方法，主要包括课前备课、课上讲授及课下教学评价几个主要环节，教师将大部分精力放在课上讲授部分，很少有教师主动引入新的教学模式和教学理念进行实践性探索。究其原因，当前许多高校对学生的日语能力考核普遍采用教材内容考试的形式，从日语教学大纲内容也可以看出，学生只需掌握教材内容即可达到要求，并且学生的日语学习成绩也与教材内容紧密相关，涉及的拓展性内容较少，因此传统的课堂教学模式有助于学生接收更多的学习内容，同时便于提高学生成绩，但对于学生实践能力的培养则较为有限。另外，许多学校对日语学时的安排比较有限，教师为了确保实现基本的教学目标和教学任务，会将大多数的精力用在教材教授上，很少进行其他形式的教学扩展，最终表现为高校日语教师教学改革能动性不强。

（四）学生日语混合学习的主动性较差

学生经过小学、中学等阶段的学习，习惯了以教师为主的传统教学模式，进入大学后学习习惯很难突然改变，仍然在课上对教师灌输性的内容进行记录，课后对相关内容进行背诵，考试时只需针对考试内容进行作答就可以了。这一过程中，学生很少思考应采用何种学习方法，或通过相关教学是否有助于自身日语实践能力的提升，以及如何在实践活动中实现理论知识的运用，因此在教学中学生日语混合学习的主动性较差，甚至某些学生对高校日语教学的优化改革比较抵触，无法适应新的教学模式。另外，由于高校日语教学考核方式存在缺陷，考核内容很少涉及日语能力的实践性应用，因此学生在日语学习中并不会主动利用其他学习模式进行能力拓展。

日语视听说课程是大学日语教学中的基础性课程，对学生在大学阶段日语综合素养的提升有着重要意义。随着高等教育改革的不断推进和社会环境的急剧变化，大学日语视听说教学在新时期面临许多挑战。从近几年的发展情况来看，高校日语专业课程的学时呈不断下降的趋势，日语教学中的视听说内容也不断减少，但大学日语教学面临着提高学生综合实力、考取日语等级证书、日语的职业化训练等压力，进行课程创新已成为迫切的需求。

在传统的大学日语视听说课程中，教师往往通过使用日语播放设备来播放录音，学生在听对话或短文的过程中练习日语听力，这种教学模式具有很强的单一性，学生在学习过程中的参与感较低，这就要求日语教师以学生为中心，积极引入先进的教学理念，对大学日语视听说课程进行创新性改造，探索出满足当代大学生日语视听说学习新需求的教学模式。

（五）学校对日语线上线下教学不够重视

随着教学改革的不断推进，混合教学理念与互联互通的教学共享理念已得到许多教学参与者的认同，许多地方院校也进一步认识到教学改革的主要趋势，并具备超前性、卓越性的发展眼光，同时吸收和借鉴其他地区或国家的优秀教学理念。但是仍然有许多高校对日语线上、线下混合教学及新时期学生群体中学习部落的形成不够重视，无法发挥传统教学模式的积极因素，也无法进一步将新时期的信息化教学理念进行有效推广。因此，无法引导教师进行日语课堂教学的规范提升和教学形式创新，也无法培养出满足新时期发展要求的技术型人才。许多校领导和专家对以部落共同体为主体的合作学习模式不够了解，相关文件规范和政策指导也比较少，因此教学实践仅仅停留在"喊口号"的阶段，缺少具体操作规划，无法充分发挥校内外及线上、线下教学资源的优势，尚未构建有助于师生日语教学互动和学生部落合作探究的互动模式。

教师缺乏对线上、线下部落学习的引导能力。兴趣是最好的老师，教师群体是学生学习发展的指引者，因此教师教学理念的先进性、设计思维的创新性是影响线上、线下教学效果的直接因素，也是影响教学改革理念能否真正实现的关键。尽管许多学校在新时期教学改革思想的引领下日益重视对新时代教师人才的培养，构建了符合自身教学特点的年轻教师梯队，但对于大多数学校来说，仍然存在日语师资培养的老龄化、教师信息技术教学能力培养滞后等问题，许多教师对网络化的学生学习思维习惯了解较少，对新时期学生群体中出现的学习部落认识不足。许多教师仍然沿用传统的教学理念，无法结合线上、线下教学优势培养学生的思维能力和创新能力，在教学策略的应用方面也存在单一性和机械性。

学生在混合教学模式中无法发挥主体性优势。一方面，由于学生日语学习环境和学习背景的差异性，不同学生群体之间存在知识、能力、学习习惯、储备基础等方面的差异，最终造成学生学习素质参差不齐，对合作学习的接受程度较差，部落学习模式的融入程度也较低。如有的学生日语学习基础水平低，知识储备能力不足，因此在混合学习模式中拥有的发展空间及吸收的知识不够充分，那些具有更广阔知识面、学习热情较高且勇于表达的学生往往在合作学习中能够发挥重要的作用，能够扮演主要发言人；那些性格内向、不愿意表达学习想法的学生往往在部落学习中无法利用线上、线下学习资源进行知识整合，最终陷入恶性循环。

另一方面，由于合作学习的分组机制缺乏科学性，学生在协作探究过程中互动性不够，缺乏积极性。在部落学习模式中，要想构建更加良好的互帮互助关系，必须充分调动学生的积极性，目前由于缺少线上、线下部落学习的教学经验，在学生分组过程中存在人员不均、课堂交流探讨模式不健全等问题，最终影响学习进度，学生之间也可能存在冲突，影响学习探究的效率。

二、SPOC混合式教学法在日语教学中的积极作用

（一）有助于构建和谐的师生互动关系

日语 SPOC 混合式教学模式一方面强调学生在日语学习活动中的主体作用，另一方面强调日语教师在教学引导中的主体作用，也就是说，教师和学生都在各自的层面上拥有主体性地位，同时发挥着不可或缺的主体性作用，这有助于师生关系进一步和谐、协调发展。在长期的教育实践中，相关研究人员一直在对新时期教学中的师生关系进行反思和重建，尤其是随着信息化教学和混合教学形式的不断普及，日语教学中师生应保持怎样的互动关系一直都是日语教学改革的重要内容，包括大学日语教学在内的各个阶段的教学，在很大程度上受到我国传统师生观念的影响，如"一日为师终身为父"等教育理念，导致学生在很大程度上有意与教师保持距离，这在一定程度上制约了日语教学的创新性发展，同时也不适合当前混合教学的背景。日语 SPOC 混合式教学的构建有助于进一步构建师生对话合作的关系，形成师生间更加平等、信任、宽容、尊重的关系。

（二）有助于提高学生的学习能力

日语 SPOC 混合式教学模式有助于进一步促进学生在日语学习中形成良好动机，并在学习实践中积极贯彻，实现学习目标内在性和外在性的统一，促进学生更好地发展。在日语学习中，学习主体所具有的主动性将会直接影响最终的学习效率和学习成果。日语 SPOC 混合式教学法能够激发学生参与日语教学各个环节的学习动力，使学生主动投入更多的精力对相关内容进行理解和体悟，思维活动也会变得更加活跃。只有思维层面得到转变，才能够最终实现学习实践的提升。尤其是在混合教学模式中，学生拥有了传统教学中无法实现的学习途径和信息获

取途径，这有助于学生更高效地进行自主学习，同时对产生的问题进行深入思考和求证，同时利用双师教学模式与教师或其他学生进行合作交流，进一步提升学生的学习能力和创新能力。

（三）有助于促进传统教学模式的转变

分析当前高校日语教学现状，可以看出学生存在个体差异性较大、能力参差不齐、学习积极性不高等问题，如何进一步创新教学模式、提高日语教学的针对性和层次性，是当前高校日语教学创新的重要课题。实践证明，采用线上线下混合教学新模式、渗透 SPOC 新型教学理念，有助于进一步提高学生学习自由度和自主学习能力，让学生成为教学中的主导者，同时还能够增加学生参与日语实践教学活动的机会，提高教学的生动性。如教师在进行日语单词的讲解时，可以综合使用信息化平台和一体化教室等多种教学设备。学生也可以通过教师发布的长江雨课堂平台资源了解学习任务，也可以自主查阅有关语言学习资料，掌握日语语法原理。教师还可以构建线上、线下相结合的实时交流渠道，创建新型师生互动模式。

基于慕课教学的 SPOC 混合日语教学模式是一种具有多元化创建性的教学模式，它能够将日语学习涉及的课前预习、课上教学、课后总结归纳、教学评价等环节充分整合起来，利用小规模在线课程的形式转变传统日语教学模式。如教师可以在课前环节向学生下发混合式教学的任务内容，在新课程引入环节为学生播放短视频新闻，实现知识拓展和知识引导的目的。这有助于学生对课程内容涉及的文化背景进行初步了解，并形成初始性印象。在课上教学环节，学生可以分享线上课程的知识应用成果，并将自我提升过程中总结的学习重点和难点放到讨论环节。学生与学生之间进行互动交流，也可以不断纠正错误发音，从而形成学生之间日语交流应用的良好习惯。在小规模授课过程中，学生还可以根据自身学习的不足之处，进行查漏补缺，通过反复观看网络平台的课程内容，加深和巩固知识点内容。另外，在课后作业和成绩测评环节可以利用教学管理软件进行线上测评和考试，同时还可以进行课后作业发布和提交。日语作为一门同时具有理论性和实践性的学科，应构建多元化的教学评价体系。既要注重对学生日语单词、语法、阅读等知识积累的检测，也要注重对学生语音、语貌、日语学习的文化背景知识进行充分考查。对基础知识的考查可以发挥 SPOC 混合式教学法的线上管理优势，利用教学软件使学生通过线上答题完成教学内容，还可以利用信息化管理方式防止学生在考试测评中出现抄袭作弊的现象。另外，在日语学习的知识能力提升测评中还要注重对学生文化理解程度、肢体动作是否符合礼仪规范进行综合测评。

（四）有助于提高高校日语教学资源的利用率

在信息化技术日益普及的新时期，高校学生也可以利用身边丰富的智能化设备获取多元化数字资源。广大日语教师也可以利用线上平台、功能性网站向学生共享课程资源内容。采用线上、线下 SPOC 混合式日语教学模式，有助于更好地发挥数字化教学资源的有效性，发挥 SPOC 小规模授课的优势。如教师在介绍日本语言文化时，可以向学生立体化展示动画演示资料，这比抽象的文字说明更容易理解。高校在课程实践教学过程中应逐步构建更加丰富的数字化教学资源库，其中包括微课、多媒体课件、试题库、教学视频、课程实施方案等资源内容，这些有助于学生根据自身学习需求，在课前、课中、课后等环节实时获取精品课程资源，学生也可以通过登录国家的教学资源网站，在获取高质量动画、微课视频课件的基础上进行线上学习，从而进一步提高数字化教学资源的利用效率。

在任何教学活动的构建过程中，都要实现知识内容的传输，需要教师将知识内容通过特定的方式传授给学生。但这一过程不是单纯的知识转移，而是应利用原有知识培养学生的独立思考能力和创新能力，使学生在未来的实践过程中应用已有的知识解决实际问题，从而使学生在实践过程中提升社会生活能力。在 SPOC 混合式日语教学中也同样如此，它作为外语类教学的重要分支，同样需要遵循外语教学的基本理论和实践指导，在理论指引的过程中提高学生听、说、读、写等综合能力。学生能力的提升与否直接关系未来日语交流应用的效果优劣，以及参与就业的整体竞争力强弱，因此构建线上、线下混合式教学方式有助于发挥教师信息技术教学的主体意识，激发学生知识内化的主动性和学习参与的动力。在 SPOC 混合式教学过程中，逐步从知识内容灌输向学生主动探究进行转变，因此 SPOC 混合式教学模式的融入有助于高校日语教学采用更加创新性的理论和方法，使学生更加重视日语创新学习渠道构建。另外，通过线上教学向学生补充日语文化背景知识，还能激发学生的文化交流热情，加强对相关教学内容的深入理解。混合式教学模式还有助于学生构建启发式、讨论式的互动探究活动，教师可以引导学生构建更加开放、自主的学习内容，激发学生的自主创新能力。教师在参与混合式教学的过程中不断总结教学改革的先进经验，调整教学内容的重点，使日语教学与其他专业课程体系的融合性更强，同时对教学设计的具体内容和教学评估优化也有一定的促进作用。

（五）有助于提升高校日语教学的实际效果

高校日语课程是外语专业基础课程，主要以实际语言运用原理、职业化人才培养为主要内容。构建高校日语教学的 SPOC 混合式教学模式，有助于更好地顺应当前"互联网+"技术人才培养的发展趋势，将当前更加先进的信息技术和互联网技术应用到日语人才培育过程中，有助于高校进一步明确未来日语人才教学的发展方向。SPOC 混合式教学法在实施过程中主要包括课前教师发布线上学习任务，学生在线学习；课中环节教师进行课堂教学和重难点指导。这种模式一方面可以发挥教师的主导优势，更好地监督学生学习和能力训练；另一方面可以积极调动学生学习的主动性，发挥学生自主学习优势，真正将实操训练和日语知识掌握相结合，实现更好的育人效果。

在基础日语教学中，许多高校构建了有关日语语法教学、阅读教学、听力教学、词汇教学的多元化课程体系，还有的高校针对日本文学、历史、文化、地理等进行了全方位的教学培养。因此，在全方位、系统化教学背景下，传统的填鸭式教学已无法实现学生思想拓展的教学目标，也无法有效培养学生多方面的学习兴趣。利用线上教学模式有助于广大师生实现对原有知识点的查漏补缺，如在传统教学中学生很容易在日语教学参与过程中遇到学习难点和抽象性内容，此时学生无法很快理解知识点，查找的渠道也较有限，如果学生不好意思向教师提出疑问，就很可能导致知识点的永久性缺失，影响教学整体效果的提升，也无法达到学习优化的最终目标。而利用慕课教学、SPOC 混合式教学等新型教学模式，可以将相关知识点以数字化存储的方式永久保留在网络平台上，如果学生在课堂教学中没有听懂相关知识点内容，仍然可以在课后通过访问网络或对相关音视频进行反复观看，直到理解为止，这是传统教学无法实现的。混合式教学模式还有助于提高学生日语学习的整体效率。传统教学由于受到时间和空间的限制，往往会在课时和教学场景方面产生局限性，而通过线上、线下混合教学的方式，教师可以利用线上平台为学生布置学习提升任务，学生也可以将作业完成状况发送到网络教学软件上实现软件评分和自我测评，大大提高了课堂教学管理的整体效率，教师则可以利用更多的时间来构建学生互评和其他教学测评模式，以对学生的整体能力进行充分评估，引导学生理解学习内容。

（六）有助于提高学生学习实践的协作性

尽管当前许多教师借助线上、线下教学手段，构建了 SPOC 混合式教学，进一步突出学生在学习实践过程中的主体性作用，加强了学生与学生之间、学生与教师之间的互动交流，但受传统学习习惯的影响，无法更好地借助部落共同体的力量。因此，在未来的教学实践中，构建线上、线下日语教学学习部落，有助于以课堂教学为基础使学生获得更多的协同合作实践机会，并且与相同爱好的部落成员共同进行课堂教学内容的总结、反思、讨论、交流，可以使学生掌握活动探究的主动权，同时在这一过程中也可以使学生充分展现其思想与能力。教师可以在关键环节进行引导和提问，使学生在 SPOC 的小规模授课环境中获得更加轻松和谐的学习氛围。学生在学习部落中可以进一步形成更高阶的思维习惯，具有更高的学习热情，对深层次的课题进行反思和探讨。如在进行实验教学时，教师可以以学习部落为基础进行任务分配，学生也可以利用网络学习技术和途径广泛学习相关知识，借鉴他人实验探究经验，进一步优化实验过程，并通过部落分享平台进行经验总结和交流，激发学习热情，提高学习效果。

SPOC 日语混合式教学法有助于学生在日语应用过程中形成科学化思维。在线上、线下日语学习课题探究的过程中，部落的成员可以通过经验积累、实践、观察、探究得出相关课题的主要结论，同时通过情景化教学更加深刻地感受日语课程教学的相关概念，并在最终阶段由部落代表进行总结性发言和主要观念的探讨，为以后的深入学习打下良好基础。混合教学与学习部落相结合有助于学生借助学习部落的形式对专业教学的相关课题进行进一步分析，同时有助于利用学习部落思维模式的差异性进行多角度探究，有助于培养学生科学理性的思维模式和习惯。如在进行日语口语教学时，可以依托 SPOC 混合式教学法的思想构建日语学习部落。在参与日语学习时，学习部落一的同学可能认为日语表达的最佳方式是方案 A，学习部落二的同学则认为最佳表达方式是方案 B，尽管两个部落的学生产生了结论和认知冲突，但可以帮助部落内的学生进一步突破信息茧房，从多个角度观察同一问题，同时灵活使用控制变量的基本方法，对同一课题进行观察和讨论，进而形成更加符合日语语法的客观规律。

在日语教学实施过程中，不仅要对学生的日语应用能力进行系统性培养，而且应在各个教学环节拓宽学生的知识面，尤其在当前日语课程教学过程中，许多学生对文本信息兴趣不大，很容易在教学过程中产生枯燥乏味感，或者部分学生因为接受异域文化产生某种困惑和不解，继而无法充分理解日语语言文化的具体要素，此时教师可以充分利用 SPOC 混合式教学法的教学软件，向学生分发与日语学习有关的教学内容。这些信息有图片形式的也有短视频内容，有助于消除在日语学习中产生的文化壁垒，同时也能够弥补传统教学中没有的动态教学内容，有助于学生对特定知识点形成更加深刻的理解。相比线上教学，线下教学同样具有非常重要的教学价值，通过互动不断提高学生的听说能力，纠正学生的错误翻译，发挥学生的主动性，构建各项活动，如构建以日语教学为基础的情景短剧，实现日语课程教学由线上到线下、由课堂到课外的延续性。学生可以通过制作特定主题的短视频内容，并与日语教师分享，一起讨论教学内容，从而达到寓教于乐的目的。总的来说，线上、线下的 SPOC 日语混合式教学法能够对学生科学化思维模式的形成产生互补作用，最终促进学生实现良性发展。

第三节　SPOC混合式教学法在日语教学中的应用

一、SPOC混合式教学法在日语教学中的应用环节

（一）课前导入环节

日语教学是一个比较复杂的教学过程，涉及听、说、读、写等各个环节，这就要求日语教师有层次、有计划地开展各环节教学，通过由浅入深的教学规划使学生深入理解，更好地发挥学生在不同教学阶段的主动性，从而体现混合式教学和双主体教学的优势。在课前导入阶段同样要利用线上教学和协同合作等形式发挥学生自主性作用，教师要根据课程内容采用问题引导的方式，鼓励学生进行相关资料的搜集和相关问题的探讨，并在这一过程中使其产生学习兴趣。学生要利用多种线上途径搜集与教学内容相关的背景资料和教学的重点与难点，并形成初步的问题解决方案。教师要在这一阶段努力为学生创设有效的日语学习情景，要利用课件营造更加轻松、和谐的教学情景，以学生为本，充分发挥当前 QQ、微信等线上交流工具的优势，使学生做好充分的学习准备。

（二）课堂教学环节

混合教学模式在实施过程中主要以小组合作的形式展开，经过课前准备阶段，学生已经通过小组合作和线上活动的方式完成了教学准备工作，这为课堂教学奠定了良好的基础。在日语教学中，每个学生都可以积极主动地展示课件资料，同时利用更加生动的方式展示小组的研究成果，并针对特定问题提出自己的看法。需要注意的是，在这一阶段教师要尽量避免自身观念对学生产生干扰，同时学生也不必严格按照教师划定的教材内容和限定条件进行探讨，要充分按照自身意愿进行教学探究。当学生在这一过程中遇到某些难以解决的问题或出现某些错误时，担任课程讲授职责的学生要及时主动地与教师进行沟通，也可以及时与其他合作探究的小组成员进行探讨。这一环节是师生双师教学模式发挥优势的关键，它有助于学生及时发现并改正错误，这是传统教学很难实现的。

（三）课后巩固阶段

以 SPOC 混合式教学法为基础的日语教学拥有更加多元化的教学评价方式，从而有助于进行课后阶段的教学总结和巩固。教学评价与反馈是大学日语教学中不可或缺的内容，尤其是在 SPOC 混合式教学法这一互动教学模式中，及时进行教学评价和收集教学反馈信息具有重要的意义，它有助于及时发现课程教学环节中存在的缺陷，并及时通过与教学目标的对比进行纠正。教师要利用混合教学的优势积极构建线上、线下相结合的教学评价模式，利用小规模授课这种更加灵活便捷的途径对学生的自主学习情况进行跟踪和观察，同时进行有效指导。

随着社会网络信息的不断发展，单一的日语教学形式已无法满足信息时代学生的日语能力提升需求，因此 SPOC 混合式教学模式也逐渐受到广大高校的推崇和欢迎。另外，随着我国高等教育外语教学改革的不断深入及主体性教学理论的不断普及，构建混合教学背景下的师生双主体模式成为当前大学日语教学改革的重要趋势，它进一步打破了传统教学中以教师为主的教学模式，提高了学生在日语学习中的主体地位，同时多样化的教学形式有助于进一步增强日语教学的趣味性和灵活性。通过教学实践可以看出，在这种模式下学生的自主学习能力得到了有效提高，学生的学习兴趣也更加广泛，日语学习进一步摆脱了时间和空间的限制，同时也有助于学校培养更多高素质且具备跨文化交际能力的国际化人才。

二、SPOC混合式教学法在日语教学中的应用模式

（一）翻转课堂教学模式

翻转课堂教学模式产生于美国，它主要强调教师要在课程开展之前，引导学生利用提供的问题以多种途径搜集学习资料和进行自主学习。在日语课堂教学环节要进行问题的探讨和解答，实现知识性拓展，为学生的实践应用打下良好基础。翻转课堂教学模式与我国传统教学模式中提倡的课前预习有着重合部分，但其内容更加丰富。它对学生信息化能力、自主学习能力的要求较高，要求学生在课程教学之前完成对特定课程单元基础性知识的基本理解和记忆，尤其要对某些简单的知识点做到融会贯通，同时还要具备创新思维，提出自主学习中遇到的问题，

"带着问题进课堂"。高校日语课程混合教学最主要的特点是实现理论与实践并重。因此，针对当前理论教学形式单一、学生积极性不高等问题，可以将翻转课堂用于理论教学环节，这有助于更好地提高课堂教学效果、丰富教学模式，同时还能提升学生的自主学习能力、创新思维能力、语言表达能力及解决问题的能力。翻转课堂能够与慕课、网络直播课程等形式相结合，在满足学生个性化学习需求的基础上，保证基本教学质量。

线上、线下相结合的混合式教学是一种多媒体网络时代产生的多元化教学方式。因此教师在日语教学优化过程中应当将混合理念融入日语翻转课堂教学模式的各个环节当中，如教师可以逐步引导学生共同参与课前预习、课上突破及课后归纳评价等具体环节。首先，在课前预习阶段，教师要充分调动学生的自主探究能力，搜集与本课程有关的视频资料或新闻文本信息，以使学生达到课外拓展的目标，进而使全体学生在进行课程学习之前，可以对本节内容或整个课程规划有一个直观和整体的认识。同时，教师还可以自主搜集课程所涉及的文化背景知识，辅助学生理解课文内容，消除学生在课程学习中存在的文化冲突或文化矛盾，最终调动学生的学习兴趣。其次，在课上教学环节，教师要主动引导学生，利用线上教学途径交流更加便捷及信息化管理的优势，使学生进行简单交流并收集学习过程中的重点和难点问题，再将这些问题放到线下课程教学中进行统一解决，提高学生对特定内容的理解。要发挥线下教学的优势，对学生日语发音进行针对性的检测和纠正，提高学生对语法或单词内容的接受能力和理解能力，这些效果往往是线上教学所无法达到的。最后，在课后环节，教师也应当调动学生的自主探究能力，使学生主动通过网络平台或组成学习小组回顾本节课内容的重点和难点，如进行视频回看或反复播放，查漏补缺，巩固学生学习成果。另外，通过学习小组的模式还可以发挥学生善于使用教学软件的优势，通过线上平台进行课后作业练习和章节测试，同时自主进行答案比对和理解分析，进而改正和评价自身教学成果。除此之外，教师应当以翻转课堂教学的针对性目的为学生设置开放性教学任务，以提高学生的主观能动性，自主完成对知识点的分析与创造过程。如可以要求学生拍摄有关教学内容或日本文化与历史的视频短片，将 SPOC 混合课堂的教学优势充分发挥在高校的日语教学环境中。

（二）视频课程、直播教学模式

随着教育信息化和教育现代化的不断发展，越来越多的学生习惯利用网络直播、智慧课堂与慕课等新型教学方式参与高校日语课程教学。尤其是在新型冠状病毒感染疫情防控期间，由于客观条件的限制，许多学生只能在家以线上参与的形式进行专业内容的学习。这种模式给予了学生更多的自由度，同时也要求学生具备更强的主动性和自主学习的能力。网络精品课程教学可以使学生随时随地地利用智能化设备获取学习信息，有助于学生丰富学习资料，构建线上互动的师生教学新模式。尤其是慕课教学平台的不断普及，许多高职院校的学生也能够接收到许多一流精品课程内容。但通过实践调研发现，网络课程学习模式对学生的吸引力并不强，专业课程的完成率仅有 5% ~ 10%，并且网络直播、智慧课堂等新型教学模式也并未发挥预期教学效果。究其原因，高职学生学习的主动性和持久性较低，同时线上教学模式也无法使教师更好地对学生进行管理和监督，尤其是对于日语教学来说，需要理论教学和实训、实验教学相结合，单纯地进行网络教学无法达到理想的教学培养效果，这就需要构建以网络教学为基础的混合教学模式。

（三）融合式教学模式

高校日语教师要想真正发挥多种线上教学渠道的信息化教学优势，应将各类新教学模式相融合，同时与传统教学模式相结合，构建适合自身教学发展的融合式教学模式。如教师可以通过录制微课视频和制作课程动画的方式，也可以与其他兄弟院校展开教学资源共享和教学切磋学习，从而融合多方面的优质教学资源。针对较为枯燥的理论知识教学，教师可以通过使用"蓝墨云班课"或"学习通"等教学软件，为学生提供微视频课件资料。教师要鼓励学生利用手机进行碎片化学习，避免学生因学习时间过长产生疲劳或厌倦。在实践教学过程中，传统教学需要运用实物进行日语口语或听力的使用练习，而在混合教学模式中，教师可以引入仿真实验平台，使学生对智能化教学设备的使用技巧、教学优势进行立体化感知，从而将多种线上教学平台相结合，优化日语教学效果。

三、SPOC混合式教学法在日语教学中的应用手段

（一）拓展高校日语课程教学内容

在线课程平台、理实一体化实训室、实训教学平台等教学场景的使用，有助于进一步提高高校日语课程教学的有效性。高校教师需要根据日语教学的具体细化任务，同时向学生指出必修知识点，为学生设置知识能力的拓展性内容及具体的技能点，以进一步丰富高校日语教学课程内容体系，更好地满足学生综合能力提升需求。教师可以由浅入深设置基本考评工具使用、单词语法的选用等教学实训项目。在每个项目内，也要制定针对性的混合教学任务。如在基本测量工具的使用教学时，可以将日语语法的作用结构、工作原理、使用方法、基本数量等教学内容以线上教学形式进行呈现。

高校在构建 SPOC 混合式日语教学目标时要结合高等教育出版社出版的《基础日语综合教程》，从提高学生跨文化交际能力出发，用 SPOC 小规模线上课程优化当前日语教学的基本模式。要以学生为中心，以具体话题内容或活动作为教学切入点。将成果导向、任务式教学理念贯穿教学始终。另外，还应当注重对学生学习策略的优化培养，发展学生的协作能力、思辨能力和创新应用能力。要发挥混合教学优势，构建学生混合探究报告内容提交、成果共享、线上分数评定等环节，线下主要进行课程内容讲解、一对一辅导、口语练习、学生互评等环节。

1.基础能力培养

基础能力培养模块主要侧重于对学生基础能力、学习习惯的养成。例如，在词汇方面，要求学生掌握 2500 个单词，并要熟悉某些重点词组或一些惯用表达形式。要掌握 150 个左右的初级、中级语法句型，并能够做到熟练运用。针对教材内容要能够流利、准确地朗读教材课文或其他专业教材类的文章、对话内容，要对文章中对话的陈述内容和主要观点有清晰的理解。在写作方面要能够完成350 字左右的记叙文、300 字左右的说明文及 250 字左右的议论文的撰写。另外，能够针对特定的话题进行信息采集内容编写、数据统计或总结报告。在翻译能力培养方面，要能够在准确翻译的基础上达到语言流畅、用词合理的目标。在阶段性的实时授课中，不仅要对已掌握的单词读音进行巩固，还应当通过新增词汇教

学，使学生掌握更多单词，辨析个别单词的功能性应用等。另外，还应当利用线上渠道对学生的口语进行纠正，对单词、语法的记忆进行考核，同时记录评估成绩，将其纳入期末考评的重要部分。在语法教学方面要重点对学生基础语法，如动词、各种形态、语境的表达方式进行教学，引导学生分清不同语法的使用语境或动词变形的主要结构特征。教师还应当主动引导学生通过课本短文内容，发现其中的语言结构特征，进而厘清对话人的语境关系，更好地把握其中蕴含的语言结构及日常信息处理的技巧。

2. 实践能力培养

在高校日语教学学生实践能力培养环节，要设置几个方面的能力提升目标。首先是文学赏析能力，要使学生能够通过课本教材内容和其他相关专业教材内容，感受日语写作与日本文学作品行文的主要思想特点及主要信息内容，从而结合作者的创作背景和语言技巧感受日语应用的基本规律。其次要提高学生跨文化交际能力。这要求学生能够通过日语学习由浅入深的过程，加深对日本文化与日语语言文化的认识，从而打开自身了解世界的多样化视角，形成对待不同文化开放包容的态度，继而对当前世界多元文化现象有更加深入的理解，能够更加客观、敏锐地察觉不同文化所产生的文化差异和矛盾。最后要树立学生日语运用能力提升目标。这要求学生能够通过日语书面文字或口语内容来抓取其中的主要信息点，感受表达者形成的观点和情感；还要能够利用日语口语或书面文字来进行信息输出，同时能够保持日语语言应用的灵活性和得体性。在此基础上，能够充分利用信息化资源和各种语言工具书完成具体翻译工作或其他相关工作内容。

在学生实践能力培养过程中，教师要以专业教材内容为基础，为学生补充更多客观真实的日语文化素材内容，可以是有关日语语言形成的基本脉络和文化背景，还可以是有关日本社会的文化写实内容，进而使学生了解当代世界发展格局中多元文化的内在含义及不同文化区域内人们的多样性生活。这有助于开阔学生的国家文化视野，学会解释文化差异内容，帮助学生为之后的工作实践打下良好基础。

3. 实践应用能力培养

在高校日语教学实践应用能力培养方面，一方面要求学生具备一定的自主学习能力和团队协作能力，能够在参与、组织、运行或交流合作中学习他人长处，互相协作完成学习任务或工作任务。另一方面要求学生能够拥有知识拓展的能力，要能够不断学习新知识，用新技能完善自身原有的知识框架结构。在实践应用的过程中，学生要将各种知识内容与应用技能融会贯通，并将理论内容应用到实践中，以便有效解决学生生活中的难题。与此同时，在日语学习的实践活动中，形成与他人交流互动的习惯同样重要。另外，在当前信息化混合教学日益完善的过程中，还要求学生掌握一定程度的信息技术，以便更好地应对日语人才的岗位要求。

具体来说，教师首先要引导学生完成相应章节或篇章的文章总结、语法总结，还要为学生构建内容翻译、互相评价、对话改写、模仿写作等实践性任务。要不断归纳每个单元的主要话题或相关知识，为学生构建分阶段、分层次的人才培养计划，以便更好地提高学生的资料搜集能力、自主学习能力和团队协作能力。如可以将学生分为几个协作小组，针对每一单元的特定内容进行针对性调查活动，还可以进行小组讨论和研究，最终教师要将学生所形成的总结或报告进行收集和汇总，考查每个学生的任务完成状况及能否与小组成员相互协作完成特定工作内容。另外，还可以利用"学习通"等线上教学管理平台，完成工作上传或学习成绩考核等。通过教学调研可以看出，高校日语学生只要经过特定的实践训练后，其知识探究能力、统计成果总结及调查汇报等方面都有明显的提升。另外，学生的日语文稿撰写水平和网络应用能力也有大幅度的提升。

（二）高校日语课程混合式教学流程重组

为了更好地实现高校日语课程线上、线下教学模式有机融合，可以首先确立"三段递进式"教学设计理念，即课前、课中、课后三个阶段，分别进行教学内容设计和教学流程设计。课前阶段主要进行理论教学准备，课中阶段主要进行教学示范和具体教学，课后阶段进行教学任务拓展和学生能力提升。例如，高校教师在进行日语课文结构分析教学时，教学流程主要分为：①课前理论准备。学生通过网络软件获取教师发放的学习任务和要求，进而通过观看微课学习各类文本内容，掌握文章的内部结构，完成对课程基础知识的学习和掌握，利用智能测试题进行能力检测。②课中教学。教师要引导学生掌握日语语法、句型的要点，掌握日语交流的实践应用技能，最终进行学习点评或成果验收。③课后线上、线下能力的拓展。学生利用网络平台查看知识拓展的资料，利用微课学习日语应用的背景知识，拓展日语的应用范围，教师则进行实时答疑。

高校在构建日语教学混合式教学模式时，首先要处理好各专业课之间的衔接性问题。如要对原本制订的日语专业人才培养方案进行内容增删，这样可以更好地实现专业课程之间的横向联系和纵向联系。而在日语基础学科教学中，不同年级所学习的专业课程内容各不相同。因此，混合式教学模式应当针对年级特点和日语教学的环节特点进行针对性设计。首先，一年级学生更加注重日语听力、日语口语和日语语音等课程内容。在进行线上教学时应当针对这些内容进行基础教学的补充。要充分认识一年级对高校日语学习人才培养的基础性作用。一般会为二年级学生开设视听说练习、日语写作、日语语法、日语泛读、日语绘画等课程内容。因此，相比一年级的课程，这些专业课在日语教学上更加深入，混合式教学的课程构建也应当做好一年级和二年级之间的衔接与转换。另外，还应当将写作训练、绘画训练、语法训练、泛读训练等专业课程内容横向连接起来，切忌进行割裂教学，要引导学生形成大学科思维。针对每个学期的教学任务与学科特点，实现专业课程之间的互通有无，更好地调整教学进度和授课顺序，以便提高日语人才培养的整体效率，提高日语专业建设的有效性。

另外，在进行高校日语专业课流程优化时，应当处理不同专业课程之间的连接问题。以高校日语教学培养的三年级学生为例，他们应当在之前打下的日语学习基础上，更多地开展实践性学习内容。因此，在混合教学模式构建过程中，教师应当引导学生更多地进行语言应用能力培养，如可以通过线上互动、线下辩论等方式提高学生的人文素养、职业素养和跨文化交际能力。学生也应当在这些专业学习的基础上，找到自身专业发展的兴趣点，以便选择更适合自己的专业课程内容。如在高校日语专业人才培养中往往会涉及商务日语、日语写作、日语绘画、日语礼仪、日语语言学、口语笔译、高级日语等方面的课程内容。这些专业内容之间往往存在纵向联系，因此在混合教学模式构建过程中应当针对这些专业能力培养目标进行针对性设置，以便使高校日语教学的技术课程内容与实践应用课程内容有更好的衔接与过渡。在高等教育日语人才培养的过程安排中也要进行侧重点的调节。如要通过线上教学使学生更好地理解跨文化交际的背景、商务业务往来、邮件撰写，甚至实践调研的多元化活动，保证学生从技术学习到专业课程学习中不会产生较大的跨越感，使高年级的学生真正成为学习能力与应用能力兼备的高水平人才。同时还要将成果导向、教育理念融入日语混合教学过程中，顺应当前高等教育发展趋势，以学生为主体，以应用型人才培养为目标，改革高校日语教学体系，选择与时俱进的方式和手段，真正提高高校日语人才培养水平。

（三）创新高校日语课程教学评价体系

高校日语课程教学内容具有连续性，难度应由浅入深，有些语法理论知识不容易理解透彻，并且不同阶段的学生的学习基础和能力水平也各不相同，这就要求教师在此基础上，进一步划分日语课程教学评估的层次化体系。可以将学生大致分为三个层次：第一层次的学生具有更强的学习能力、更扎实的基础知识、更高的技能水平；第二层次的学生学习基础和学习能力较为一般；第三层次的学生能力较弱，缺乏学习主动性且基础知识薄弱。教师要根据不同层次的学生制定针对性的教学标准、教学目标和教学内容。在混合式教学实施过程中，一般分为教师课堂讲解、学生讨论、师生互动及日语网上视频课程观看、头脑风暴等方面的内容。因此，教学评价也应分为线上、线下两个层面，教师要根据学生课堂表现及任务完成情况进行随堂测试或评分，同时也要利用线上网站进行智能化测试，综合评估学生的学习动机、学习态度、学习能力。

从教学变革的一般性规律来说，教学评价永远是教学实施过程中用于评估教学成效，公开教学变革成果，为后续教学提供持久动力的重要环节。可以说，教学和评价是相互依存、相辅相成的关系。一方面，构建科学有效的评价体系，可以对教学实施的各个环节进行信息反馈收集和教学质量监督；另一方面，只有逐步优化完善教学过程，才能够体现教学评价体系的有效性。尤其对于高校日语教学来说，教师需要充分把握理论教学和实践教学的双重功效，在构建教学评价体系时针对所制定的人才培养目标和教学实施效果进行逐步调整。还要解决传统教学中片面进行的单词、语法、阅读等基础知识的传授，以及忽略学生基本能力培养等问题。教师应将更多精力放在培养学生日语语音、语貌、身体语言等具体应用技能方面。在教学评价考查过程中，要针对学生日语应用能力构建滚动式扩展内容，综合评估学生语言知识的整体提升状况，在具体考查环节可以充分发挥混合式教学的优势。如针对某些基础性知识或机械记忆的内容，可以利用线上教学软件生成特定的题库，并将其作为检验学生阶段学习能力提升的重点内容，以课堂作业形式或单元检测的形式进行。另外，线上教学管理模块还可以随机生成日语测试题库。如根据题目的难易状况选择特定的学生群体，提高教学评价的针对性，使每位学生都能够拥有与自身学习能力相匹配的知识测评内容，同时题目的乱序还能够减少学生之间互相抄袭的状况。利用日语混合式教学中的线上环节进行教学评估，可以辅助学生在答题完成后通过点击进行答案查找，进而参考讲解内容明确自身知识欠缺之处，有助于趁热打铁，迅速发现自身学习上的漏洞，进而提高学习效率，同时这也对教师构建更加完善的教学评价体系及形成创新题库有着重要意义。

除了对基础知识进行考查之外，对学生日语应用能力的检验也要作为教学评价体系中的重要环节。针对这一问题，教师可以让学生以小组为单位，将班级分成不同数量的学习单位，可以在小组成员之间或小组与小组之间构建对话练习或自我编排演练，形成学生之间相互评价的有效氛围。要特别强调在进行考核评价时，除了要指出学生的日语发音或语法问题之外，还应当对学生在日语表达中所使用的礼仪规范、表情、肢体动作及对特定文化内容的理解进行考查，以便学生提前适应在未来日语学习和工作的复杂环境。从目前高校日语人才培养的整体趋势来看，当今社会越来越需要那些具有扎实基础日语知识、岗位技能、应用能力和工作适应能力的人才。因此，要想使日语专业学生快速进入社会工作模式，就必须将学生的日语能力与工作技能的基础打好。另外，学生能否调动自身主动性适应复杂的工作场合或工作氛围是影响学生职业发展的重要因素，教师应当针对这一部分进行教学评价内容构建。在对学生进行测评的过程中，除了要对学生日语能力、知识水平进行测评以外，还应当对学生的思想政治素养、人际交往能力进行针对性评价，以便更好地满足社会对日语人才的需要。如教师可以结合总结点评、学生互评等方式对学生的人际交往能力、应变能力等进行综合评估。

总而言之，高校日语线上、线下混合式教学模式为高校教学改革提供了新渠道和新模式。从当前高校日语课程教学内容来看，其覆盖内容较广，理论教学占比较大，且存在许多抽象性内容。如果无法将理论与实践教学相结合，势必造成学生学习难度提升、学习兴趣不高等问题。国内高校日语教学的信息化改革历程从最初的"理论教学＋实训"到一体化教学，再到微课、情景教学等教学方法的逐步运用，使日语课程教学的效果逐步优化。因此，在信息化教学发展的新阶段，高校也应积极找寻混合教学等新型教学模式，为学生日语学习提供更加优质的教学服务内容。

（四）创新教学理念

受应试教育的影响，传统日语教学更重视培养学生的应试能力，教师在教学评价中也更关注学生的考试成绩。而新时期需要的是具备日语运用能力的人才，这就要求日语教师转变教学思维，要更多地以提高学生能力为导向，明确学生日语听、说、读、写能力培养的重要意义及如何帮助学生获得这些能力。教师要按照日语人才培养的要求在教学中添加日语面试、交际日语、情景表演等实用性内容，使学生在每一堂课都能够收获在提升能力方面的"干货"。教学过程中要改变学生作为被动接受者的角色，要让学生成为课堂上的讨论者和研究者，突出学生的主体地位，教师不再是课堂上的独白者，而是学生能力提升的指路人。

创新教学模式。实现学生日语听、说、读、写能力的全面提升，要求教师采用以学生为主体的教学模式，但各种教学方法的运用与教学内容的落实需要充分发挥教师在教学中的主导作用。教师要以提升学生素质为指引，选择更为恰当的教学方式和手段，要充分发挥自身的专业优势，在保证教学效果的前提下提高教学质量。教师可以借鉴翻转课堂的教学思路，提高学生的自主学习能力。在上课前，要为学生布置具体的视听说预习内容，学生要根据教师指定的学习任务进行日语学习资料的搜集，如用旅游日语介绍我国某一处名胜古迹，学生可以进行小组分工合作，对这一古迹的历史背景、风景特征、文化内涵等方面进行表述或写作，为参与课堂教学的不同环节做好基础准备。

优化教学内容。在教学内容选择方面，教师要选取与学生的学习生活关系密切的内容，使学生产生参与的欲望，比如购物、旅游等主题内容，让教学内容真正为学生的实践活动服务。为了提升视听说课堂的趣味性，教师可以通过开展相关竞赛活动，为学生提供更多的口语实践机会，最大限度地调动学生对日语口语的学习兴趣。如开展日语演讲比赛、日语歌曲歌唱比赛、故事大赛等，利用好第二课堂的优势。当学生的视听说能力有一定基础后，教师可以让学生以小组为单位选择感兴趣的影视作品，对其中的片段进行配音练习，学生可以在训练过程中互相纠正发音问题，在教学评价环节也可以加入学生互评，做好视听说学习过程的形成性评价。

（五）在网络学习平台融入视听说课程

互联网新型教育平台的发展为教育行业带来了新形式和新动力，在大学日语的视听说课程中可以运用"互联网＋"理念，改变传统单一的教授模式，开展线上、线下联动教学的新实践。首先，日语教师可利用互联网平台构建作为日常教学辅助的微课堂，这一形式着重对教学过程中的重点和难点进行展示和强调，充分利用学生课下较为零散的时间，能够帮助学生打破视听说学习的时间和空间限制，随时根据需要进行相关知识的巩固。通过日语词汇微课堂，可以让学生对新课程中涉及的重点单词和短语进行预习。另外，可以利用超星学习通、TED 演讲等观看标准日语发音的视频，在提升视听说能力的同时，培养学生的国际化视野，通过不同文化的对比增强学生的跨文化交际能力，有助于增强学生的文化自信心。

尤其在线上、线下实践教学环节，要充分发挥线上板块，如超星学习通等网络信息平台在日语教学中的积极作用，可以将这些步骤分为章节内容、作业内容、学习讨论和学习资料四个板块，分别针对学生课前、课中、课后及预习复习等具体环节对应相应的网络学习软件平台。这些模块应当与线上网络教学相匹配，以进一步优化课堂教学的互动形式。为学生布置更多课前资料搜集、内容观看的任务，继而在线下课堂教学中更好地完成日语课程内容的讨论答疑、成果展示、实践应用等环节。对听、说、读、写等技能有针对性要求，逐渐完成知识点的深化，最终将日语语言技能训练作为文化互动和能力培养的重要内容。

具体课程设计可以包括以下三个环节。首先，学生在课前利用线上网络平台观看与知识点相关的视频资料，并自主进行线上课程小测试，提高对重点知识的掌握程度。其次，在课中学生要围绕特定内容进行讨论，既包括对旧知识的复习，也包括对新知识的梳理。教师可以结合课文、会话进行针对性讲解。要进一步提高课堂混合教学的丰富性，可以在教学过程中穿插单词听写、绘画练习、书法比赛、日语歌曲展示、句子翻译等环节，使线上、线下混合式教学能够相互联动。最后，课后部分学生要完成混合教学复习，消化基础知识点，还应当根据教师在线上发布的目标拓展练习任务完成自我提升，教师也可以进一步追踪学生学习任务的具体完成状况，以便为学生设置更多高阶训练内容。

（六）将部落学习理念融入线上、线下教学

首先，学校要进一步认识到学习部落在线上、线下教学中的重要作用，同时要对这种新的教学模式进行指导，并制定相关行为规范和教学约定。校领导和教研室也要根据线上、线下学习部落教学管理的不同阶段进行规划和总结。其次，要更加注重对新老教师的互补性培养，利用老教师丰富的教学经验，同时发挥明星教师勇于创新、灵活教学的优势。年轻教师要主动将新时代线上教学的技术传授给老教师，更好地促进学生进行部落共同体合作学习。最后，对于学生来说，要齐心协力发挥学习部落的积极作用。对那些难度较大且较为抽象的概念或问题进行协同探究。如学生可以自发形成班级内的不同学习部落，根据学习成绩和综合能力来安排。每个部落都应分布不同层次的学生，确保学习部落人员分布的均衡性和层次性。另外，教师要利用学生之间的部落帮扶机制弥补学生学习能力的差异，同时使学生形成互补性思维。部落成员也可以推举出学习部落的"酋长"，进一步提高学习族群的亲和力与向心力，提高其学习效率。

在课前预习阶段，学习部落要充分进行合作分工，明确分配每位成员的日语学习任务，并利用线上、线下相结合的途径，让学生一起体验学习的乐趣，培养学生合作学习的习惯。例如，学习部落的成员可以在"酋长"的带领下观看相关课题的动态化演练，并进行预习，感悟相关问题的类比推理过程。教师要在这一过程中对学生预习的完成情况进行判断和引导，促进线上、线下教学目标的达成。在情景教学的融入阶段，教师可以设置层层递进的课题内容，引导学习部落成员充分发挥各自的能力，完成情景知识的生成及交流合作，使学生形成逻辑推理和解决问题的思维意识与习惯。如在日语学习过程中，有的学生对新课程和未知的题目有恐惧心理，而在部落成员的带领下，可以激发学生参与课前预习的兴趣，克服学习难点。

构建更加多元化的综合评价体系。在线上、线下教学模式中，学习部落的应用应配备更加多元化、综合性的信息评价机制。例如，在综合性学习中，往往涉及优秀传统文化、人际交往、互联网教学等多方面内容，在语言学习中也会涉及听、说、读、写等教学维度。在新时代的线上、线下教学中，学生的学习更加呈现出综合性的特点，人才培养也更加注重形式的多样性、内容的丰富性和能力的综合性，这就要求在学习部落的构建及运用过程中更好地结合学生学情的特殊性及能力提升的具体需要，设计相匹配的教学内容和教学环节。其中，教学评价要更加符合多元化、多维度、多层级、激励性的具体要求，更好地满足线上、线下教学中多种学习部落的学习提升需要。如网络时代的学生更加注重创造力培养，他们希望借助部落学习模式表现其独特思维能力和学习能力，因此在教学评价标准设计中，应构建多种评价形式。在进行日语教学时，可以结合语言文化讲座、课本剧改编、过程记录等环节设计有关学生人际能力、团队协作能力、信息化素养的评价活动和评价标准，更好地满足学生对日语学习方面能力的提升需求，展现新时代学生的精神面貌和学习状态。

借助学习部落构建多种类型的教学实践活动。在教学活动开展的新阶段，许多高科技和创新教学方式已融入学生培养与教学活动的各个环节，移动终端已成为学习必不可少的工具。这些学习工具的使用有助于激发学生学习的自主性，也有助于辅助教师更好地达成教学培养目标，以及更好地制定课前、课中、课后的教学规划。学生可以借助智能化学习软件构建课下实践活动、巩固知识、加深记忆。如在日语教学过程中，教师既要利用音像、广播、电视、书刊等教学载体构建更多贴近学生、贴近生活、贴近时代的教学实践活动，也要借助网络信息资源，拓宽学生日语学习和应用的渠道。例如，可以借助"盒子鱼"学习平台，将日语学习、应用充分结合在一起，同时以影像化、游戏化的形式结合教材内容拓展相关话题。"单词部落"是一款用于日语教学的在线学习软件，教师也可以以此为基础进行日汉互译、图片识词、句子填空、单词记忆等教学，还可以利用在线真人对战的方式辅助学生进行单词比拼等。

总而言之，混合式教学法作为一种新型教学模式，在大学日语教学创新中具有良好的前景，它能够有效转变学生盲目听从教师知识灌输的状态，从而利用各种新型媒介和数字教学平台激发学生的学习兴趣，使学生获得更加多元化的知识内容。它还能够增加高校日语教学的趣味性，使原本枯燥单调的教学过程更加吸引人。线上和线下相结合的教学模式也能够进一步提高教学影响的持续性，使学生对这些内容有更加深刻的印象。可以说，混合式教学模式有助于实现学生日语基础知识和应用能力的同步提升，一方面可以向学生提供更多高效可行的学习模式，提高学生日语学习的综合效率和水平。另一方面日语线上教学环节能够更好地实现知识拓展，培养学生的日语应用能力，进而实现知识的联动，整合学生语言学习的多个模块，使学生形成日语学习、表达、应用实践的良好习惯。这也能够辅助学生更好地适应社会发展需要和工作岗位需要。当前的社会已进入一个网络发展的时代，高校原先在语言教学中所形成的传统教学模式面临着越来越大的冲击，只有真正顺应当前高校课程改革、语言教学优化发展趋势，才能够更好地应对未来日语人才培养中的诸多挑战，高校要充分把握新时代网络技术发展机遇，真正发挥多元教学模式的重要作用。混合式教学法在未来发展过程中更加依赖高素质教师队伍的形成，因此教师要不断提高自身网络素养，紧跟时代发展步伐，发挥网络教学资源的积极作用，从而将混合式教学法理念融入当前教学模式的优化过程中，更好地适应教学实施的新环境和新模式，从而在教学探究中积累更多教学变革经验，将混合式教学模式的有效性渗透到整个语言教学领域，凸显时代发展的进步性，实现立德树人根本任务。

第七章　网络资源在日语教学中的应用研究

随着教育现代化的不断发展，越来越多的教育工作者认识到信息技术和网络资源在课程教学创新中的重要性和必要性。在日语教学过程中，越来越多的教师希望通过网络资源辅助课程教学，进一步提高日语教学效果。在教学创新过程中，教师随时随地都需要运用创新性的教学方法、教学手段和教学工具。信息化时代的多媒体技术和网络技术有助于改变传统教学模式，同时在日语教学的内容创新、体制变革、模式优化、制度优化、思想转变方面产生了重要推动作用。从国内外教育教学发展的整体格局来看，各大高校都在大力提倡网络教育，充分挖掘网络资源在专业教学中的辅助作用。例如，国内许多院校在日语人才培养中提出了信息基础设施建设的计划，希望将信息技术教育作为未来教育改革的重要手段。有的高校还构建了有关网络教学的系统开发模式，并制定了网络教育应用的相关规则，以期为学生构建更具互动性、交流性的教学环境。尤其在日语教学过程中，网络资源的运用有助于将最新的日语教学理念和工具融入教学过程，激发学生的学习积极性，同时为日语交流互动构建更加真实的语言环境。

第一节　网络资源在日语教学中应用的理论背景及实验性分析

为了更好地探究网络资源在日语教学优化改进中的促进作用，本节进行了有关日语教学应用的实践案例分析。在此过程中，利用对照实验的设计理念，针对具体日语教学课程设计内容，收集实验数据并进行实验结果分析。另外，通过问卷调查法和访谈法收集广大师生群体对高校日语教学改革的具体意见和参与活动的实际感受，掌握网络资源在日语教学中应用的具体现状，为以后更加深入的实践探究奠定良好基础。

一、网络资源在日语教学中应用的背景和理论基础

（一）网络资源日语教学应用背景分析

教育信息化一直是我国教育事业建设的重点工程，而智慧校园的建设是教育信息化的重要组成部分。为总结教育信息化"十三五"规划的成果和经验，响应《中国教育现代化 2035》中对打造智慧化校园、新型教育服务业态的要求，同时为《教育信息化中长期发展规划 (2021—2035 年)》和《教育信息化"十四五"规划》做好提前部署，各省市纷纷针对具体情况制定并印发《教育信息化"十四五"规划》，对教育信息化、智慧校园的建设提出了相应的目标规划。为此，高校应在日语教学中充分运用信息技术和网络资源改造原有日语学科教学体系、课程内容，加快数字化信息资源建设，最终使高校学生专业能力得到提升，满足未来日语实践应用的具体场景和职业发展需求。高校要从国家教育发展层面明确网络资源助力日语教学的基本目标和要求。在高校日语教学改革的优化过程中，随着各种现代化教学手段的普及，以及现代信息化技术的不断融入，实现高校日语网络教学及网络资源的全覆盖，已经成为传统日语教学模式优化的必然趋势。网络资源学习模式的构建也成为当前日语教学创新的重要内容，这不仅对原有的日语教学理念、教学思维、教学内容和教学模式产生重大影响，而且给日语教学方式的应用造成巨大冲击。从目前的教学改革背景来看，传统的高校日语教学存在诸多缺陷，如教学模式较为单一，片面重视理论知识的灌输和讲解，在教学方式应用和模式构建中只是采用"填鸭式"教学，无法充分适应当前高校日语教学人才培养的具体要求。随着高等教育日语教学的进一步发展，以及高校日语教学目标的不断完善，要对日语教学的基本模式和方法进行改良和优化，就要利用更加现代化的教学模式和手段提高日语教学整体水平，实现教学效果的跨越式发展。而网络资源在日语教学中的应用就是依托各种现代信息技术，充分发挥网络资源的便捷高效特性，将网络资源应用于高校日语教学模式创新和教学优化中，能够使其更加智能化、高效化和开放化。

（二）当前研究现状及成果

21 世纪是教育现代化发展的关键时期，越来越多的教学参与者和教育工作

者重视网络信息技术与课程教学创新融合的重要价值，其中就包括网络资源辅助课程教学的应用创新研究。在任何专业课程教学中，都需要借助特定的教学方式、教学工具和教学手段，对于现代信息化背景下的高校日语教学来说，将各种网络技术和多媒体技术融入日语教学不仅能够创新原有的教学方式和手段，而且能够对传统的教学思想、制度建设、模式创新、内容优化、评价体制改革等进行优化提升。

随着互联网信息技术的迅猛发展，国内外各个高校将信息技术网络资源的优化作为教学综合竞争力提升的关键因素。国家层面进一步提倡要依据教育发展特点，大力发展网络教育，利用网络资源实现信息技术辅助教学。国外许多高校在发展网络教育模式过程中起步较早，在教学改革探索中深入开发网络资源，引领了早期网络信息化教学的发展潮流。例如，美国在现代化教育发展过程中提倡将信息技术应用作为未来教育优化发展的重要手段，新加坡也在教学规划设计过程中将师生群体的网络技术技能提升作为课程教学优化变革的重要内容，日本则根据高校信息技术助教助学的实际效果颁布了信息化教育实施规划。这些方针和政策的制定与实施促进了国外高校在网络资源教学应用方面的理论研究和实践探索，其中网络资源辅助教学已成为信息教学开展的重要模块。目前，国内外高校在网络资源融入信息教学中的研究成果主要包括网络学习环境构建、网络教学效果优化、网络教学系统开发、网络教学模式和学习模式构建、网络资源教育应用策略等内容。国内高校在日语教学改革过程中主要依托信息技术，形成了交流互动的教学模式和更加多样化的课程讲授方式，也让教师更加注重在学习环节构建相互联系的教学活动。在日语教学网络资源库建设方面，许多高校积极依托日语教学网站和网络资源教育库与相关公司或高校形成网络资源共享合作，同时地方政府部门也给予了支持。这些网络资源信息为高校开展日语远程教育和课堂教育提供了有效补充。例如，近些年国内外依托网络资源构建了日语教学的公开课模式和慕课学习模式，进一步增强了传播的共享性和协作性，构建了许多大规模、开放性的在线课程内容，力图将日语教学由传统高校以教师为中心的模式转变为以学生为中心的模式，打破了以往灌输式教学的限制。同时，高校在网络资源开发过程中还要注意网络公开课程的构建。对于日语教学来说，网络课程不是万能的，不能用网络课程代替传统课程，而应因地制宜、因时制宜，针对日语教学中的具体问题进行探索和解决。例如，要明确哪类课程需要进行网络资源补充，如何进行日语专业技能训练，以及如何开展日语教学网上交流互动。

随着信息技术的不断发展，高校日语教学技术条件也在不断成熟，许多高校通过日语教学改革探索文化导入、网络教学、多媒体教学、兴趣鼓励、对比教学等新型教学方法和模式。许多高校根据学生认知能力的提升，对原有的日语教学方式进行了完善和优化，如从原有的词汇教学、语法教学转变为更加侧重培养学生的跨文化交际能力和语言应用能力。目前来看，有关网络资源在日语教学中应用的相关研究还存在诸多不足，许多研究只是针对日语网络资源、视听资料、语言资料库、论文资料、在线翻译等形式的教学资源，无法利用网络资源优势充分调动学生的多种感官，从而提升学生日语综合感悟能力和语言的敏感程度。网络资源库建设不充分，影响了学生日语交流和沟通技能的提升，也无法使学生获得更加完整的语言知识。另外，许多教师对日语文化背景知识的讲解不够充分，导致学生在日语学习时难以留下具象化的印象。当然，也有高校基于问题教学法，在日语教学中借助网络教学资源构建了日语学习小组讨论、自主探究等多个环节，充分激发学生的日语学习兴趣，锻炼学生在日语学习过程中的思考能力、分析能力和问题解决能力，形成了一整套协同探究学习的理论和方法内容。

（三）网络资源在日语教学中应用的理论基础

1. 建构主义教学理论

建构主义教学理论提倡以学生为中心，在教学过程中避免学生只是作为知识的被动接受者，它要求教师通过构建学生自主认知结构不断引导学生参与教学。在这种模式中，教师也发生了角色转变，他们只是学生新知识结构的构建者，以及学生学习能力提升的促进者和辅助者。该理论要求教师以学生为中心，构建教学资源内容库及教学设计的基本框架，目的是突出学生在教学各个环节中的主体地位。在建构主义理论基础上构建的教学模式，应以鼓励和激发学生主动性为基础，提高学生参与师生互动交流的积极性，以及各项资源开发的创造性。建构主义理论将学生看作在特定社会和文化背景下的学习参与者，要求学生从自身发展出发探索多角度、多方面的学习路径，还要通过与其他学习者的互动交流学习，寻找更多优质的学习资源，同时利用科学的学习方法探索和构建更加完整的知识框架。在教学过程中要从学生主观能动性出发，构建学生主动参与的教学环节和学习活动，从而提高学生学习的主动性，激发学生的探究欲望和对各种学习资源利用的兴趣，最终使学生成为自觉、主动、自主创造的学习主体。

在日语网络资源利用过程中，应发挥建构主义教学理论的科学性、多样性、有效性优势，采用多种教学方法构建教学活动，如形成网络信息资源技术项目、问题教学、任务教学、案例教学、探究学习、协同学习等学习模式。将建构主义理论融入日语教学过程中，将网络教学和多媒体教学看作知识建构的基本模式，同时从构建学习环境、优化学习策略两个主要方面着手进行日语教学设计，形成自主学习的基本模块，使学生在多种学习资源环境中不断寻找适合自身发展的学习方法和策略，从而主动构建知识体系，提高综合知识应用能力。在学习环境模块构建过程中，师生群体要相互促进，共同建设有利于教学开展的内容、环境和条件。要利用网络资源帮助学生形成知识构建，就需要对原有课堂教材、教师等要素进行调整，从知识教学转变为知识构建模式，提高学生的创造力，激发学生的日语学习兴趣，调动学生的视听感官，最终将知识结构的获取转变为学生整体素质能力的提升。

2.认知主义学习理论

认知主义学习理论研究者主要将学习活动划分为知识学习和技能学习两个主要层面。他们将各种学习过程划分为认知、分析和知识理解，并将学习看作一项信息加工的活动。因此该理论认为，在知识获取过程中，教师应利用有效手段和途径将知识信息通过感官刺激的渠道传递给学习者，进而引导学生构建认知结构体系，提高学生在学习环节中的主体地位。认知主义学习理论强调要提高学生学习的积极主动性，重视学生认知，提高对学生学习动机、学习兴趣的认识程度。在内在强化过程中主动调节学生学习动机，通过构建教学实验、教学观察、教学分析等活动锻炼学生的知识获取能力，训练学生的知识应用技能，开发学生智力，培养学生的自觉性、积极性和创新本领。在日语教学过程中也应将认知主义学习理论内容应用其中，肯定学生在资源获取过程中的主动性和自觉能动性，将更多丰富、有效、科学的网络教学资源引入其中，引导学生对特定内容进行主动分析和探究，使学生在思考、理解、探索认知的过程中感受网络资源在日语学习中的优势。

二、日语网络资源应用实验教学探究

（一）相关概念辨析

1. 网络资源

一般来说，在高等教育教学实施过程中所提及的网络资源包括网络环境中的各种信息资源。它是计算机网络语境中用于知识优化、内容丰富的各种信息资源的汇总，具体来说，既包括文本阅读形式等传统教学信息内容，也包括音频、视频、动画、电子教案、PPT、在线教学平台应用、外语翻译、在线交流平台等内容和形式。需要注意的是，在互联网环境下，各种网络资源存在的数量、质量、结构、分布、传播范围、控制手段、应用类型等与传统教学资源有着天壤之别。因此，教学参与者应根据自身发展特点充分认识网络资源的主要优势和不足，构建网络资源教学应用的基本体系。

网络资源的基本特点主要表现在以下几方面。

（1）网络资源主要以网络作为传播媒介和渠道。随着教育领域互联网技术和网络资源的不断发展，网络资源包罗万象，它能够为人们提供各种形式或形态的信息内容，同时还能通过网络信息组合形成新的信息出现在网络环境中，网络信息资源存储突破了时空的限制，能够在短时间内实现海量存储，并且在以后的应用过程中能够多次存取，既能避免信息丢失，又能达到重复利用的目的。在内容覆盖范围方面，网络信息可以在理论上实现基于全球的信息传播和通信，有助于更好地实现信息资源的优化共享。

（2）网络资源在进行存储、处理、分析组织的过程中主要采用超文本形式。超文本技术主要指的是网络信息资源在组织过程中不仅要对各种知识信息进行单元性分析和组织呈现，而且会对相关信息进行内容编制，使其形成非线性且相互影响、相互联系的网络结构。信息与信息之间形成了特定的逻辑关系，为未来用户进行高效检索和信息获取奠定了良好基础。

（3）网络资源在知识共享和利用方面具有标准化、开放性、通用性的特点，因此网络资源在使用过程中能够实现融会贯通，同时更加高效、便捷。

（4）网络资源在应用过程中可以实现内容的高度整合。对于多种形式的网络资源，为了更好地满足用户资源转换和独自开发利用的需求，网络资源能够实现多种形式的资源整合。

（5）网络资源环境中的信息内容在多媒体技术的加持下，拥有更加强烈的感召力和影响力。在网络资源利用过程中，用户能够获得更加丰富的文本、视频、音频、图像、信息内容及各种要素的组合形式。在多媒体传播过程中，网络资源具有内容形象、直观且有深度、具有活力等特点。

2. 日语教学

高校日语教学的目标是着重培养学生日语的阅读能力、听和翻译能力、写和说的能力，要求学生能够将日语作为日常交流工具和知识获取的渠道，为提高日语语言运用能力打下良好基础。从我国当前构建的日语教学体系来看，传统日语教学更加偏向语法和阅读教学，对听和说的练习不够重视，另外很少涉及有关日语文化、背景知识的教学，以及学生跨文化交际能力的培养。我国高校由于日语教学起步时间晚、发展时间不长，在早期日语教学体系构建过程中基本借鉴了国外日语教学的相关经验，逐步形成了有关日语教学的具体要求、模式和方法，如许多高校在日语教学中更加强调学生语言实践能力的表达及国际化交际能力的提升，还有的高校将日语教学目标确定为日语实际应用能力的提升和日语人才培养，要求学生在掌握日语知识的基础上，培养日语听、说、读、写的基本能力，同时掌握良好的日语学习方法和跨文化交际能力，不仅要能够借助多元化渠道搜集日语学习资料，并且能够进行日语交流和书面交流。另外在日语听、说、读、写的学习过程中要能够理解日语的句子结构、语法和词汇。

对于日语教学来说，学生一方面要拥有日语学习的基本知识体系；另一方面要具备日语语言交际能力，实现跨文化交流与沟通。这就要求教师进一步提升学生在语言学习中的主动性和积极性，培养学生的独立思考能力和自我提升能力，逐步解决学生在日语学习中的各种问题，使学生积极参与语言交流沟通的各项活动。

高校日语教学作为外语类课程教学，日语教学的课程内容体系包含语言、知识、文化、语言技能等多方面内容。日语语言技能训练具体包括听、说、读、写等，需要学生进行大量的记忆和背诵。同时在日常学习过程中，要进行大量的日语应用技能训练，实现均衡化发展，不断提高学生日语学习的整体能力和水平。从语言教学的语法规则来说，可以分为黏着语和屈折语。日语属于黏着语的范畴，在语言表达过程中多依靠助词或助动词，以达到信息传递的目的。因此，在日语教学过程中助词和助动词的用法是日语学习的关键。日语的语言文字中还有汉字，对中国人来说在日语学习中更加容易掌握这些汉字。因此，教师要在日语教学中引入先进的教学模式和方法，提高学生日语学习的基本技巧和应用技能，同时不仅要根据日语和汉语在语法上的差异性对日语进行音读和训读教学，而且要对学生的书写进行针对性训练。日语音读训练课程拥有较高的实践性要求。因此，在日语教学的具体环节，要通过大量的语言实践训练来提高学生日语知识和语言技能的掌握程度。一般来说，日语学习较依赖特定的语言学习环境，这就要求高校在构建日语教学各种体系时要尽可能地为学生创设有利于日语语言学习的整体氛围和环境，如可以在日语教学过程中给学生分享日本风俗习惯、介绍日本文化与我国文化之间的异同，并结合日语语言学习来激发学生学习的兴趣。另外，也可以鼓励学生通过自学，如观看日语动漫、影视作品等途径感受日语的魅力，提高学生日语交际能力。

（二）日语网络资源应用教学实验的设计分析

根据教育主管部门针对日语教学制定的教学大纲可知，日语人才培养需要重点把握人才培养目标，学生必须具备一定的阅读能力、日语听说能力及初步的写作和表达能力。除此之外，学生还要掌握使用日语进行跨文化交流的能力，并且通过特定的渠道获取专业学习的知识内容，以便为学生实现日语的系统性学习奠定良好基础。目前，我国高校所构建的日语教学体系更加侧重于语法和阅读类教学，对学生听力练习和表达练习方面不够重视，并且很少涉及对学生能力的培养。

为此,大学日语教学要求进一步指出,未来高校在日语教学改革过程中要加强对学生日语语言能力的培养和表达能力的培养,这为新时代高校日语教学的优化发展指明了方向。

通过对当前高校开展的日语课程教学进行调研可以看出,日语教学普遍存在零起点、课时少、学生基础差、学生兴趣低及教学效果不理想等问题。日语教师在日语教学过程中存在教学目标实现难度大、教学效果提升困难等问题。笔者通过总结自身教学体验分析校内外教学情况,以及面向学生进行实地调查,对当前高校日语教学中存在的问题和困境进行初步了解,发现许多高校亟须改进日语教学的方式和方法,以激发学生的日语学习兴趣,提高整体教学质量和效果。在前期准备环节,要构建问卷调查的主要内容和基本方向,如面向日语专业学生,针对课程教学设置、课程教学模式、授课方式、教材内容等方面收集学生对日语教学的基本态度或具体看法。有的学生表示对日语学习不感兴趣;部分学生希望用更轻松且具有互动性的方式获取日语教学信息;大多数学生对教师教授、学生倾听的传统教学模式有抵触情绪;许多学生对创新日语教学内容有极其强烈的兴趣;许多学生在教学模式创新试点中对有关日语教学的情景化学习、多媒体教学、协作学习和网络学习等模式表现出了极大的热情。

通过前期数据收集和实地调研活动,可以初步总结出当前高校日语教学普遍存在以下几方面问题:①从学生层面来说,许多学生在参与日语学习时,基础知识较为薄弱且认知能力较差,许多学生的日语学习经验为零,因此需要对这些学生从日语的基本内容开始教学。有的学生认为日语学习在教学体系中处于次要位置,只需要了解即可。还有的学生存在厌学心理,由于投入的时间和精力与学习产出不成正比,因此丧失了学习信心。另外受语言学习环境的限制,许多学生存在日语学习的心理障碍,普遍存在畏惧日语交流的问题。②从教师教学来说,普遍存在教学工具落后、教学形式单一的问题。日语教学课堂基本上以教师为中心,围绕教材内容构建。在日语课程教学中,教师基本采用满堂灌、板书讲解的方式,学生只是机械地、被动地记笔记或接受教师的知识传授。许多学生表示日语教学与高中应试教育类似,学习过程比较枯燥和烦琐,尤其在背诵单词和课文时需要进行烦琐的重复，无法充分发挥自身主观能动性，因此渐渐失去了学习的兴趣。在这种传统教学模式中，教师更加注重语法讲解和单词背诵，忽视了构建日语学习的翻译、写作、阅读、听力等其他技能训练内容。还有的教师无法将日语教学与我国特定文化背景相结合，因此对学生日语的实际应用不够重视。许多学生只是通过机械记忆来应付考试，缺乏持续学习的动力，也缺少学习的主动性。③从教学效果来说，目前高校的日语课程教学效果普遍不够理想，许多高校还存在日语教学目标实施困难等问题。学生在经过日语课程学习后，只是掌握了部分单词、句子结构，对重要的语法要点和语言应用掌握不够，因此也无法真正进行日语交流和沟通。④在日语教学资源挖掘过程中存在教学资源匮乏的问题。如与英语等其他外语相比，日语的相关教学资料本来就少，许多高校还不注重对日语教学信息化设备的引入，或多媒体资源的开发运用，因此在日语听、说、读、写技能训练过程中，师生群体往往比较缺少用于日语教学的多元化资源，教师往往只能依赖基本的教材文本、图片或音频内容进行日语教学，无法充分实现网络资源的有效融入，也无法利用信息化教学技术提高日语教学的有效性。

结合当前国内高校日语教学实施现状可以看出，传统的日语教学模式已经无法适应当前网络化教学的发展需要。要想进一步优化高校日语教学效果，培养更多具有综合应用能力的日语人才，就必须重新调整教学目标，结合当前网络资源探索更加有效的日语教学实施方案，在具体的课题调研过程中，需要实现理论与实践的有机结合，在理论探究层面要将相关研究成果应用于实践教学改革中，为其提供理论性指导，同时在日语教学改革实践过程中也要利用实践探究验证理论的有效性，以实现二者的相互促进。在这一过程中，还要综合应用建构主义教学理念，对日语教学的网络资源进行精心设计，并且将其与具体教学环节进行有机结合，通过开展教学应用实践，对教学效果进行综合分析，收集相关数据。最后对所收集的数据进行分析，为提高日语教学水平提供数据支持。

本次研究主要选取某语言类高校的两个二外日语教学班级作为日语教学实验的对比对象，每个班级36人，一共72人。为了符合控制变量的科学实验对比效果，其中一个班级作为网络资源教学的试点班级，构建网络化教学模式；另一个班级依然沿用传统教学模式，通过对两个班级进行两个学期的对照组实验，最终考查两个班级的日语教学具体成效。在日语教学改革对照实验之前，还需对师生群体进行实验前期的问卷调研，具体包含对学生计算机网络应用水平、日语教学现状及学生日语基础能力进行数据收集，了解当前学生对日语学习的基本兴趣和学习现状，经过对比了解学生在新教学模式下日语水平提升效果。

在互联网发展的新时代，许多学生已基本完成了计算机基础课程内容学习，并且具有一定的计算机操作能力。随着互联网技术在高校日语教学中的不断普及，许多学生将个人电脑和智能化手机用于日常学习，在参与教学活动时也频繁使用微信、QQ、电子邮件、搜索引擎等。从学生对网络化教学的接受程度来看，实现网络资源与高校日语教学的有机结合是教学开展的基本条件。通过对当前高校日语教学现状分析可以看出，在传统教学模式中，尽管学生已经完成了特定阶段的学习任务，但学生普遍存在学习兴趣不高、学习效果不理想等问题，并且许多学生表示对后续参与日语学习缺乏信心，许多学生表示希望改进学习的方法和模式，以进一步提高学习兴趣，优化教学质量。

第二节　网络资源在日语教学应用中的促进作用

从目前日语课程网络资源应用的具体现状来看，网络资源的设计与开发能够为日语辅助教学提供诸多便利，不仅能够给学生和教师提供超越传统教材的教学资源，而且能够丰富日语课堂的教学内容，充分调动日语教学整体氛围，激发学生的日语学习兴趣。在师生座谈会上，网络资源环境能够为师生互动交流提供高效平台，也能够通过智能化设备主动搜集和挖掘更多日语网络资源和学习资料，进而使学生更好地完成单词记忆和学习情景创设。学生能够通过查阅课外读物了解日本本土语言文化和本土风情，提高学生日语应用的综合水平。

一、有助于提升日语课堂教学质量和水平

随着我国对高等教育日语人才培养要求的不断提升，而传统模式下的日语教

学人才培养的有效性和整体效率普遍不足，因此，网络资源引入教学有助于充分遵循当前日语教学和人才培养的基本规律，从而以网络资源为基础，构建新型日语教学工具和教学模式，进而实现传统教学和现代网络资源的有效融合，有助于高校日语教师利用网络优势高效且广泛地搜集多样的日语教学资源，从而辅助课堂教学的开展，构建更多全新的且有更高效率的教学方法，优化原有日语教学质量和教学成果。

网络资源应用于日语教学的各个环节能够促进传统教学模式变革，由传统较为单一的教学模式转变为现代网络环境循环教学管理。在原有日语教学模式构建中，教师往往单纯地以知识传授为主要形式，从而实现针对特定学生的知识传授、技能训练与综合素质培养。但是在当前新文科与教学创新变革的新阶段，高校日语教学方式应进行相应的转变，而网络资源的应用能够找到更多符合新一代大学生群体知识获取习惯与学习规律的新的日语学习内容，从而遵循学生学习基础条件、学生认知特点及学生的知识接受能力，进而提高日语教学质量。

网络资源的引入有助于激发学生在参与日语教学活动过程，以及构建特色教学活动中的创造力、创新能力和发展潜能。网络资源的引入能够使教师拥有更多多媒体教学设计资源，从而对原有日语听、说、读、写能力培养内容和形式进行转变，且有助于将当前学生关心的热点话题和创新内容引入日语教学过程中，激发学生参与日语教学和自我提升的主动性、积极性，尤其在网络资源构建的互动交流学习活动中，学生可以通过生生交流和师生交流，提高自身学习探究能力，从原有的被动接受者转变为学习的主体。教师也可以在教学实施过程中以网络资源引入为切入点，更加准确地把握学生在网络信息时代的学习特性，进而培养学生网络资源搜集和获取的学习习惯，使学生掌握更多学习技巧。学生也可以在课上、课下通过网络途径更加高效地获取学习资料，实现对原有日语学习知识体系内容的筛选，并根据自身需求进行重点探究，构建创造性学习机制，进而完成由被动到主动的转变，将原有以教师为中心的课堂教学模式转变为以学生为中心的日语学习互动模式。

网络资源融入高校日语教学有助于教师利用多元化教学手段搭建多样化教学

载体，构建丰富的教学形式。在具体实施过程中，多媒体教学资源作为网络资源的重要展现，能够吸引新一代学生的学习兴趣，进而激发学生对学习的专注力和兴趣点。多媒体教学形式能够将原本枯燥抽象的语法知识、单词短句转变为具体化、形象化的教学情景，使学生实现深层次的理解。另外，网络资源信息库中存在大量课件内容、视频教学资料、日语教学文本和相关图片，有助于充分改善高校学生日语学习环境。教师也可以利用这些海量资源为学生构建更加真实的日语练习情景。一方面拓展学生的知识结构，开阔学生日语学习视野；另一方面能够为学生补充许多日语学习的背景知识内容，保证学生知识体系构建的完整性。

在网络化环境中，各种信息资源的流动更加顺畅，信息量也在不断扩张，人们利用网络渠道进行信息交流的速度也更快，因此将网络资源融入高校日语教学，有助于对学生原本形成的日语认知结构产生强烈冲击，从而对学生知识体系进行重塑和构建，使学生明确日语知识体系的内在含义。从这一方面来看，网络资源对学生认知结构的优化作用是教学环境、教学模式、教学手段、教学方法所无法比拟的。在未来信息化教学情景中，只有真正创设生动形象的教学场景，提高信息资源更新速度，才能够真正贯彻建构主义教学理论，创新原有教学理念。因此，网络资源的融入能为教师构建建构主义理论所要求的教学环境打下良好基础。广大师生群体也要在网络资源的利用过程中充分挖掘日语学习各种信息资源之间的联系，将网络学习资源划分为多个层次，明确信息组织与沟通过程中的分支内容。教学管理者还要根据学生在原本认知与知识理解中形成的基本规律，对网络资源进行有目的的筛选，从而使网络资源内容更加适合日常教学开展，实现辅助日语教学的目的。

二、有助于促进学生日语多元能力提升

从网络资源的具体内容来看，日语教学的听、说、读、写能力训练与网络教学资源有着天然的融合性，尤其是其中的多媒体教学资源能够进一步丰富日语教学内容的呈现形式。在当前融媒体发展背景下，利用多媒体教学形式能够以更加便捷的方式将多样化的日语教学网络资源内容传递给学生，从而在课程教学构建

过程中实现课程知识内容的生动化、形象化转换。尤其在学生日语技能训练过程中，多媒体资源的利用能够根据学生日语学习的主要兴趣点，构建能够对学生各种感官产生语言刺激的教学环境。根据建构主义教学理论的观点，要想学生真正掌握日语技能，练就更加纯正的日语，就必须创建更具真实性的教学环境。在网络资源的融入过程中，教师可以从文化、社会、经济、科技等方面着手，提高语言环境的真实性和自然性，为学生提供更加有效的学习材料，使学生真正掌握日语听说读写能力及实践技能。

在日语听力训练过程中，学生的学习难点在于无法通过以往的知识学习积累形成对听力材料的整体感知，而融入网络资源能够通过有声有色的教学情景使学生广泛搜集与教学内容有关的知识信息，从而不断丰富学生的知识储备，在听力训练中拥有更高的日语敏感度。学生也能够在听力训练的过程中充分感受日语和汉语在多个层面的语言差别，以汉语为基础巩固日语语言学习。有关日语教学的网络信息资源多种多样，从语法知识更加标准的日语类新闻到更加生活化、日常化的日本动漫、日本电影等都可以作为学生日语听力训练的教育材料。如在具体教学过程中，教师可以利用看日剧的方式构建课堂听力训练教学环节。一方面学生可以在观看日剧的过程中提高对日语的敏感程度，在习惯日语日常沟通的自然语速和技巧的基础上，辨别听力材料中不同人物在特定情景中的发音规律；另一方面有助于学生通过了解背景知识感受剧情的跌宕起伏，进而加深对日本文化的了解。任何语言的形成并非孤立的，而是与人们所处的文化、政治、经济背景密切相关，日语学习同样如此。如果单纯进行日语知识学习，很容易造成语言与文化背景的脱离，无法了解日本人在语言使用和生活实践中形成的非语言行为，而这些往往是学生理解日语内在含义的关键要素。另外，在开阔学生日语学习视野时还可以向学生介绍日本传统的寿司、和服、相扑、樱花、清酒、歌舞伎等文化内容，使学生了解传统日本社会风情，并结合在网络中搜集的各类图片、音频、视频使学生对日本社会和传统文化内容与形式产生更加深刻的印象。在课下教学内容构建过程中，教师可以利用网络资源引导学生在每天的特定时间主动搜集日语听力训练的资源内容，主动接触日语环境，从而提高学生日语语感和对日语听力的敏感性，还可以帮助学生纠正错误发音。另外，学生在搜集和观看网络中的日语新闻材料时往往涉及许多尚未接触的专业名词，这些内容容易成为学生理解日语材料的"拦路虎"。因此当学生进行听力训练之后，应对照文本内容找出对生词和理解偏差的内容，从而检查听力训练的最终成效，并加深对其中生词的理解和记忆。

在日语阅读训练方面，网络资源往往能够体现更加明显的优势。如在传统日语教学过程中，学生的阅读训练资源搜集渠道比较有限。在高校图书馆中有关日语学习的相关图书较为欠缺，学生只能借助日语教材内容获取阅读资源，以致很难满足学习的高层次需求。而借助网络资源能够在短时间内收集所需要的日语阅读训练资源，通过选择合适的材料进行阅读训练，拓展日语阅读资源，有助于教师引导并鼓励学生利用互联网渠道进行广泛阅读。有条件的学生还可以通过浏览日语网站来获取最新的日语学习信息。如可以通过访问人民网日文版、朝日新闻日文版等网站，通过应用专业阅读技巧进行广泛阅读并获取语言信息，对原本形成的日语语法理解及遣词造句习惯进行优化调整，从而加深对日语应用的理解。另外，通过广泛阅读还可以拓宽学生日语学习的视野，避免对日本风土人情、文化形成片面认识；还能够通过浏览网站信息掌握日本社会发展的现状，了解日本文化发展的时代特色，进一步优化日语课堂学习的有效性。

在日语口语训练过程中，必须引导学生提高对口语实践训练的重视程度。从日语学习的本质来说，语言训练是学习过程中必不可少的环节，应充分发挥语言作为交流工具的基本优势。尤其对日语学习训练来说，必须建立在语言应用的基础上，搭建良好的日语交流环境，形成语言应用的习惯。因此，引入日语口语训练的网络资源有助于通过直播教学等渠道构建日语会话环境，使学生在充分掌握日语基础内容的基础上熟悉人们最为关心的话题内容。教师在课堂教学过程中，还可以利用网络渠道搜集日语音频信息材料，训练学生日语口语应用能力。当学生遇到学习难点时可以利用网络资料可以反复播放的优势，使学生通过文章跟读、课文内容朗读，锻炼口语能力与语言应用能力。在日语学习过程中，最重要的是鼓励学生开口讲日语，避免出现传统教学中存在的"哑巴日语"现象。因此，利用网络资源可以开发日语学习交流的新渠道，如使用 QQ、微信及其他平台中的日语学习、聊天、交流环境，引导学生主动参与日语口语训练、交流活动，从而使日语学习达到事半功倍的效果。另外，在互联网平台中还有许多便捷的在线翻译平台和口语训练、语音学习软件，学生可以利用软件的便捷性和高效性优势进行口语跟读训练。有的软件的语音识别功能还可以帮助学生纠正其错误发音，达到更加优化的日语学习训练效果。

在日语写作训练方面，学生可利用网络途径搜集优秀的日语作文范本，从中挑选典型的单词和句型，进行重点记忆。另外，在教学过程中，教师可以引导学生构建以网络渠道为基础的网上交流、邮件交流、论坛交流形式，进一步提高学生的日语写作能力和水平。另外，网络渠道还有许多有助于写作提升的工具和软件，学生在遇到日语写作难题时可以通过日语词典查找、检索所需要的单词。另外，还可以通过划分句子及文章的层次来了解日语写作技巧，解决日语写作训练中的问题。

在进行日语的翻译训练时，网络资源同样具有许多应用性优势，如网络交流渠道。在教学管理过程中利用这个便捷优势，教师可以将日语翻译的相关材料发送给学生，学生也可以在课后利用中日对照的方式对网络日语阅读资料进行对照翻译，提高日语翻译技巧。

三、有助于改善学生综合能力培养效果

在日语教学开展过程中，教师应构建教学的具体环节，从而引导学生主动参与日语学习，进行自主探究，主动发现日语学习过程的基本规律，从而获取知识内容，构建完整的知识体系。日语学习的整个过程与学生综合能力的培养过程是有目的性、计划性和组织性的综合提升活动。教师在教学当中应用网络资源，能帮助学生收获更为多元、更具创新性的学习方法，从而有助于学生更为有效地完成学习。另外，学生的学习能力提升过程还是一种情感价值观的形成过程。教师应根据学生能力的基本状况，通过对网络资源的利用，使学生掌握日语学习能力。具体来说，网络资源的利用要充分体现在学生主体作用发挥过程中，如学生要参

加日语教学所构建的任务驱动学习、自主学习、探究性学习等活动。这些内容有助于学生形成对日语学习资料的分析能力和日语应用能力，还能够培养学生的知识探究能力和信息分析能力、问题解决能力与创新能力。另外，通过提高网络资源应用能力，有助于学生提高计算机应用技巧，从而提高学生利用计算机网络进行交流沟通与问题分析处理能力，以及在团队中的协作能力。

日语作为一门外语课程是我国各阶段教学的必要内容之一，尤其对于学生来说，它不仅有助于培养学生基本的日语应用技能，而且能够进一步提升学生的语言表达能力、文化意识、学习能力、思维品质。在日语教学体系中，写作教学是其中的重要部分。写作教学能够帮助学生进行日语的应用训练，同时辅助学生将各种内容从记忆储备中提取出来，利用逻辑思维和清晰的认知对各种词句素材进行加工处理。对于学生来说，日语写作训练是日语学习中的必要环节，也是听、说、读、写教学中的重要环节，它能够进一步检验日语学习过程中形成的各类能力，从而对学生的日语应用能力进行综合衡量。

网络资源的使用有助于构建高校日语可视化教学体系。可视化教学一直以来都是教育教学领域及相关参与者重点关注的教学理念和应用方法，尤其是在近些年的信息化教学创新发展过程中，可视化教学有了许多新形式和新工具。在日语网络可视化教学中，教师可以针对学生的日语思维能力进行重点培养，帮助学生实现由书本的形象思维到日语应用抽象思维的转变，从而提高学生的思维品质和学习能力。实践证明，通过引入日语写作可视化教学，可以进一步激发学生的日语写作兴趣，同时使学生的语言应用能力和逻辑思维能力得到全方位提升。在日语教学中，学生必然会经过一个抽象思维过程，这个过程是不可见的，因此对学生来说往往具有一定的难度，如果借助各种图示工具和可视化教学工具，就可以将抽象内容进行直观展现，从而使相关内容变得可以理解和可记忆，进一步提高学生写作训练的有效性，优化教学效果，有助于学生对知识的整体把握。一般来说，可视化教学拥有非常丰富的图示工具，如常用的思维导图、概念图和模型图等。从知识体系构建的角度来说，教师利用可视化教学方式可以辅助学生将原本分散的知识点和语法点进行串联，形成每个章节或每个单元的可视化知识体系，最终在阶段性学习中形成层次清晰、逻辑分明的知识网络。在学生写作学习过程中，往往涉及语法点、惯用句型，单词数量众多且比较繁杂，因此，利用可视化教学方式可以进一步降低知识记忆的难度，加速学生知识内化过程，从而培养学生自主进行可视化转化的习惯，提高学生日语写作、提炼、分析、概括的能力。

日语可视化教学有助于培养学生的发散思维，丰富教学内容。如在日语写作教学中，一般会涉及开放式和半开放式的应用文写作题材。尽管许多写作题目会给出特定的场景或内容提示，但仍然需要学生补充大量细节，并且要求达到行文连贯。因此学生在日语应用文写作过程中，写作内容是否贴切，写作句式是否新颖准确，很大程度上影响最终的文章质量与日语成绩。因此，在日语写作教学中，除了要进一步增加学生的词汇、句型储备量以外，还要培养学生思维的深度和广度，训练学生日语写作的发散思维。而可视化写作教学有助于利用各种图形、图示，将发散性思维过程进行可视化呈现，使学生直观地抓住日语写作的核心内容，同时沿着各种思维轨迹进行内容拓展。通过可视化教学，学生也能够借助思维导图或头脑风暴等形式，更好地激发写作灵感，从而拓宽写作的方向和形式，提升日语作文的丰富性，提高学生日语语言表达能力。日语写作本质上考查的是学生的语言表达能力和对日语的应用能力，因此在可视化写作教学中，除了内容图示以外，日语教师还可利用语言图示激发学生语言的发展性思维。在具体的句子中，语言视图的使用可以使学生把握中心主题，同时联想到相关单词的同义词、近义词，以及各种句式的变化、应用方式，达到集思广益的效果。学生可以在写作过程中使用更多与中心话题相匹配的内容，充分调动自身语言储备，使文章内容更吸引人。在可视化教学中，学生还可以以小组合作的方式进行英语作文的合作式练习，这有助于学生博采众长，通过学生间的互动和交流扩展自身的知识体系，丰富语言储备，还有助于学生利用已有可视化图示形成新图示，进一步提高语言表达的准确性和丰富性。

日语可视化教学有助于培养学生的写作兴趣，优化日语教学效果。在传统日语写作教学中，教师并不注重写作的可视化教学，也并未构建针对日语写作的专项训练，往往只是鼓励学生自行发挥。因此，学生总是对日语写作存在恐惧心理，或在写作练习中敷衍了事。究其原因，许多学生词汇量小、语言表达能力较为欠缺，降低了对写作学习的兴趣，无法获得能力提升的成就感。而通过可视化教学的应用和输出，学生可以通过互动性、灵活性、趣味性的方式让已有知识和图示信息内容之间形成联系，学生则可以通过整体把握知识体系，加强对教学内容的了解和记忆。另外，在可视化教学小组讨论过程中，学生也能够更好地完成知识体系的补充，从而降低写作难度。可视化教学的内容和形式较为灵活，学生还可以根据自身喜好选择喜欢的颜色、样式、符号内容，创造具有自身特点的可视化学习工具，提高日语写作兴趣。

第三节　网络资源在日语教学中的应用策略

一、利用网络资源构建日语可视化教学

（一）单词讲解，使学生形成具象化记忆

一篇优秀的日语应用作文往往由高质量的语法内容、句型与单词等元素组成，其中单词是构成日语作文的基本单元。在日语写作教学中，学生要有足够多的单词积累，以便更好地将自己的写作思路进行详细表述和具象化呈现。教师首先可以大量搜集网络环境中有关日语单词记忆可视化教学的资料，如谐音法、图片法、故事讲述法等。以写作训练为例，要进一步提高学生在日语写作中的词汇应用能力，就必须让学生认识到日语词汇和汉语词汇的差异与联系。在网络资源日语可视化教学过程中，教师要充分遵循学生的思维发展特点，运用思维导图和网络微课教学的形式，使学生明确相关单词之间的串联关系，加深学生的印象。如在讲解单词时，教师可以利用网络资源中的可视化工具对日语单词进行分解，同时使学生明确不同日语单词前缀、后缀的独特含义，结合日本人日常生活中的小故事，向学生播放相关视频，实现拓展性记忆，为学生阅读日语和应用日语打下坚实基础。

（二）语句教学，进行句型的可视化呈现

除了要重视词汇记忆以外，教师还要从提高学生日语语句综合能力出发，重点培养学生遣词造句的能力，使学生能够对大量的单词进行自主性组合，实现条理清晰的表达和对主题含义的描述，最终将各种语句通过逻辑结构进行串联，形成一篇完整的日语应用作文。可视化教学对提高学生遣词造句的能力同样具有重要的促进作用。一方面，教师要辅助学生将可能用到的句型和词组通过网络搜集的可视化图片、视频、表格等进行列举，并构建一个词句系统，明确不同句子形式之间的关系与写作应用的具体方法；另一方面，教师要指导学生重点把握核心语句，依托网络资源中的思维可视化工具将其构建为日语句法教学的基本框架。如以"朋友"为主题的文章写作，需要对朋友的穿着、长相、兴趣等进行描述，教师可以利用思维导图培养学生对定语从句的掌握能力。

（三）写作教学，培养学生的整体性思维

与汉语写作一样，在日语写作时同样会涉及多种文体和写作手法，对于高校学生来说，需要掌握不同文体的写作技巧。教师可以引导学生利用网络日语学习资料，拓展日语阅读内容，挖掘学生最感兴趣、最擅长的写作结构或主题内容，从而发现学生思维中的闪光点，进一步提高学生多文体写作能力。例如，在记叙文可视化教学时，教师要尽可能多地给出要素信息和写作素材，使学生构建文章写作结构，方便在以后的写作中对各种信息进行串联，从而形成更加严谨的日语作文。在议论文的写作教学中，教师要鼓励学生大胆表达自己的看法，激发学生的发散思维。可以用气泡图的方式列举中心论点，使学生顺着逻辑思维的思路，进一步补充其他分支论点。在说明文的写作教学中，要充分利用可视化导图，明确说明文写作的具体顺序和写作方法，掌握重点词汇，对文章的写作思路进行排序，从而厘清思维顺序，防止逻辑混乱。

（四）引导学生进行可视化复习

日语可视化复习教学的目标是使学生实现"温故而知新"。在复习教学中，要进一步加强师生之间的互动交流，充分使用日语提问的方式，让学生用日语进行答题训练，提高学生日语写作学习的主动性。如在进行题为"朋友"的写作复习时，教师要引导学生对写作话题进行深化和拓展。可以让学生通过了解朋友、家庭、学校的基本信息，完成有关日语写作的思维导图内容，形成一个层层递进的学习过程，使学生获得更加深刻的思考和启发。教师还要针对学生在写作训练中产生的信息点不全、句子结构单一等问题进行针对性的纠正。日语作文通常是按点给分，因此必须保证写作内容的信息足够全面，引导学生进行句型的变化和思维的延伸，从而进一步打磨文章内容。

二、网络资源在高校日语教学中应用的基本要素

（一）构建日语教学网络信息技术教学环境

为了更好地适应未来网络环境下高校日语课堂教学的发展趋势，高校日语教师要进一步改进自身传统的教学理念和方法，同时高校也应进一步完善和加强日语教学网络资源基础设施建设，加大对信息化日语教学的资源投入，提高对网络资源环境构建的重视程度，进而构建行之有效的教学策略，实现日语课堂教学质量的整体提升。

第一，高校要对网络环境下日语课堂教学优化形成更加清晰的认知。从现代教学发展的整体趋势来看，高校教学改革和信息化网络资源建设已经形成了密不可分的关系，但目前许多高校在课堂教学变革方面还存在明显不足，一方面阻碍了大学日语教学质量的提升，另一方面也无法适应未来网络环境下的教学发展趋向。因此，高校要在日语教学网络资源基础建设过程中明确网络化教学与网络资源要素配置的重要意义，发挥各种现代化教学设备在日语人才教学培养中的独特优势。同时，广大日语教师也应当对各种网络资源进行整体认知，把握其中的教学融合利弊。教师要充分融入网络教学环境，要对大学生信息技术学习运用进行把控，引导学生在日语教学过程中趋利避害。要以构建更加先进的日语教学模式为目标，做到教学相长，优化日语教学效果。高校应进一步加强对日语教学场所、信息化基础设备、新型教学模式的引入，如根据不同学生的学习特点和学习习惯采用相对应的信息化教学媒体设备。还可以构建有关高校日语教学的三维全景实训场地、三维教学，为学生提供模拟性的日语实践情景，构建日语听说实训室，

借助虚拟现实等技术提高日语课堂教学效率。

第二,高校日语教学要通过师生互动进一步实现教学模式和网络资源相融合。广大学生群体要适应当前教学改革的总体趋势,实现当前各种新兴教学模式和网络教学资源的深度融合,进而为未来高效率课堂教学优化提供新的思路和途径,更好地发挥高校日语网络资源的独特优势。如在多媒体信息化教学设备的使用过程中,师生可以将通过多种网络渠道搜集的日语教学视频文献资料进行展示和分享,进一步开拓大学生在日语学习中的学习素材来源渠道。要通过丰富日语教学网络资源,为学生构建全过程、全方位的日语学习环境。还可以使学生对日本语言文化形成更加全面的认识,进而把握日语学习中的丰富内涵,为未来实现两国文化交流奠定良好基础。在日语教学过程中,师生互动也是优化教学资源配置提高教学效率的重要环节,因此高校在日语信息化教学过程中应当突破传统教学模式师生互动的局限性,尤其要利用网络环境加强学生和教师之间、学生和学生之间的各项互动。教师要将当前信息化网络平台作为高校日语教学课堂拓展的重要环境,进一步拉近师生互动的距离。例如,充分引入日语教学的“雨课堂”“学习通”等软件,还可以在此基础上构建高校日语教学的演讲比赛、技能比拼活动,利用师生更加密切的教学互动形成更加轻松、愉悦、自由的日语学习氛围。在传统模式教学过程中,师生更加适应以课堂教学开展单词、朗读、语法、句型教学等传统教学内容,但为了更好地满足网络时代学生对日语知识学习的需要,教师不仅应以未来市场化人才需求为导向,将日语专业课程网络资源应用与优秀日语人才培养相结合,还应注重日语人才专业能力、综合应用能力的培养。因此,教师在自我素质提升过程中要遵循新型教学法的应用要求,针对性地提高学生日语口语表达和应用能力。例如,基于当前网络资源教育环境对日语课程教学的各个方面进行综合考察,树立日语教学网络资源应用规划,保证日语教学资源的立体化效果。要兼顾课上课下、上次课程和下次课程的内在联系。对于学生产生的学习问题,教师要能够利用信息化渠道进行及时的解答。日语教师还可以利用集体备课的形式提高教师群体的整体素养,发挥大数据资源整合优势,抓住日语教学优化的重点内容,利用微课等形式提高信息化资源利用效率。使学生更加明确日语学习的阶段性任务，同时利用社交媒体工具进行学习互动和交流，形成更加科学合理的日语学习计划，满足新时期大学生自我发展的需要。

经过近些年的高等教育建设发展信息化教学，网络资源融合越来越向着简单化、个性化、多样化和智能化方向发展。在此背景下，日语教学的考核评估机制也应当随之发生变化。网络资源与日语教学资源库能否对教学优化起到促进作用，需要对日语教学进行科学有效的测试和评估。要利用高校最为丰富的网络资源要素构建起更具创新性和更高效的教学考核评估机制。在日语教学过程中，要在传统教学考核评估的基础上构建"网络资源＋综合考评"的机制，具体包含自我评价、互相评价、网络评价和教师评价等多个层次。要尽可能地兼顾日语教学实施的各个环节，对高等教育日语教学听、说、读、写、译等不同模块进行综合评估。要对日语教学信息化资源进行立体化、全面性的设计，通过更具趣味性和互动性的教学评价模式，激发学生的参与兴趣，使广大学生能够借助高校所构建的日语教学网络平台对相关知识内容进行总结和归纳。教师可以在日语教学网络资源运用基础上设计学生综合考评内容，利用相对应的脚本、课件、案例、习题和视频考查学生的日语学习能力、基础日语储备能力、日语语法能力和专业领域内的日语应用能力。

（二）师生群体具备日语信息化素养

在高校教学中，信息化素养主要指的是教学参与双方能够对各种信息内容进行有效判断，从而明确自身对信息化获取的具体需求，同时能够利用多元渠道获取信息。还要对特定信息内容进行评价和有效筛选，挖掘信息的应用价值，要求参与主体具备信息的基本意识能力与信息应用的具体技能。在日语教学过程中，师生群体所具有的信息化素养也是日语网络资源设计开发的重要基础，具体包括参与日语教学的师生要能够熟练运用各种信息化工具、多媒体应用工具、自动化办公工具与网络信息传播工具等。其要求教学参与者能够根据日语教学的具体目标和内容特点，对各种学习信息进行针对性的搜集和处理。要求师生能够灵活自如地利用网络渠道进行网络信息资源的检索、浏览、复制、下载和共享，同时能够对特定信息进行归纳、整理、分类，并在以后的应用环节进行加工和表达。信息化素养还要求师生群体在当前多种类海量信息交互的背景下具备创造性思维，能够利用日语网络资源创造具有更多价值的新信息内容；要求参与主体积极参与信息分析、问题分析、问题解决的各项活动中，同时能够对网络信息进行综合应用，实现日语教学的最大效益，真正发挥网络信息资源作为沟通交流工具所具有的积极作用。

对于高校日语教学实施和体系构建来说，师生群体所具有的信息素养是实现网络资源应用优化的重要前提，同时也是保证日语教学变革优化的基本条件。可以说，日语教学网络资源应用与师生信息化素养是相互促进的关系。如在日语网络资源应用过程中，师生的信息化素养会得到进一步的提升，尤其在当前信息化技术与高校日语教学相融合的背景下，日语教师要想拥有更加专业化的教学素养，必须具备对日语网络教学资源的筛选、获取、组织、加工能力。高校也应以提高教师信息化教学素养为切入点，开发更高质量的日语教学课程内容，保证教学的有效性。因此，广大师生群体应在日语网络资源教学过程中及时提升自我，通过网络渠道关注日语教学发展的最新动态，实现知识与能力的与时俱进。

（三）适合高校日语网络资源开发的教学设计

构建更加优质且高效的日语教学网络资源体系是实现辅助教学的关键内容。优质网络资源离不开教学参与者的开发与设计，以及合理地选择资源内容。具体来说，有关日语教学网络资源的设计开发主要包括以下四个方面的内容。

1. 需求分析

教师在利用网络资源优化高校日语教学体系时，要根据网络资源辅助日语教学的特点和优势，对资源的具体应用策略进行分析，要在可行性分析和目标分析的基础上进行网络资源利用的总体设计。其中包括有关高校日语教学优化的方法创新、理念完善，应对新一代学生日语学习的主要特点进行分析，重点把握教学培养的根本目标，使师生群体充分明确如何利用日语网络资源提高日语教学优化效果。

2. 教学设计

高校日语教师应充分了解新阶段日语课程教学的具体目标、阶段要求与教学的主要内容，要在当前日语教学和人才培养理念的指导下，结合日语教学的具体情况进行教学内容设计，主要包含教学策略设计、情景创设、网络资源创新及学生日语学习自主探究活动设计。要分阶段逐步构建高校日语网络资源利用的基本结构，形成对日语教学资源知识体系的初步认识。教师要在日语教学网络资源构建过程中，对原有授课内容和教学流程进行重新调整和梳理，要解决在原有教学体系中存在的日语教学内容不明确、日语人才培养效果不理想的问题。在日语网络资源建设过程中，应将建构主义理论内容融入教学设计的各个环节。如从提高学生主体地位出发，选择、开发、设计、组织网络教学资源，要主动调动学生学习的积极性，要充分考虑学生对知识内容的理解，结合学生学习特征，构建合作学习和实践学习的各项活动体系。在教学设计过程中还应遵循技术性、智能化、可用性、反馈性和教学性的基本原则。

3. 网络资源的开发与设计

随着互联网的快速发展，网络信息资源的传输越来越迅速和开放，各种优质教学资源能够在较短时间内实现跨区域、跨时空的传播与共享，尤其是在网络资源环境中，其内容包罗万象，能够充分满足高校教学开展的具体需要。但需要注意的是，网络世界中的信息有真有假，良莠不齐，并不是所有信息都能充分应用在高校日语教学过程中，许多教学资源需经过筛选和调整。在日语教学过程中，有的网络资源可以直接用于教学，而有的则需要进行针对性的设计与开发，对原始素材进行加工和处理。一般来说，原始网络教学素材主要指的是以视频、音频、图像、文字为形式的素材内容。对日语教学网络资源进行设计开发，要求相关教师具备较高的专业水平，能够充分利用信息技术处理资源内容，同时把握课程教学的基本水准。教师在具体设计开发过程中应结合教学开展的具体情况，将现代化教学理念融入其中。另外，教师应具备掌握计算机网络的各项技能，能够利用互联网途径了解当前有关日语教学的资源分布状况，同时还要利用百度等搜索平台在浩如烟海的网络世界中找到辅助日语教学的资源和素材内容。

对现有网络教学资源进行应用，需要进行精心制作和设计。具体来说，要从日语教学的实际需求出发，对众多原始网络资源进行搜集、整理、加工和开放。依据日语教学的基本特点，建设、开发、设计网络资源，并将其融入日语教学中，满足日语教学的实际需求。一般来说，网络资源是否能够有效融入日语教学，资源的设计与开发是关键因素。它要求教师在网络资源设计过程中明确日语教学目标，充实日语教学内容，针对日语听、说、读、写各个环节，构建实践训练内容。在网络资源设计中，教师要力求做到图文并茂，进一步提高日语教学的技巧性和专业性。日语教学也要与信息技术应用实现有效融合，提高学生的知识应用能力，应培养学生语言应用技能，实现学生情感发展与价值观养成。尽可能地将听、说、读、写各项技能训练内容进行细化，如将较大的教学目标划分成阶段性的小的教学单元，再将网络资源设计开发应用到小单元设计过程中，使高校日语教学更加细化。

4. 构建日语教学网络资源库

目前利用网络渠道获取日语教学网络资源更加便捷，但在具体开发设计过程中还存在网络资源分布零散、网络资源辅助教学缺少系统性的问题。因此，高校有必要从日语教学的长期性、系统性发展出发，构建日语教学网络资源库，以使广大师生群体更方便地获取网络资源内容。日语教学资源库要在当前最新网络技术的支持下，针对高校日语教学的最终目标和具体要求，结合日语教学人才培养要求搜集不同的网络教学资源内容，以利用各种媒体素材进行课程设计体系优化，为学生课前预习、课中学习、课后复习及自主学习提升提供可靠资源。从本质上来说，网络资源库的建设是高校教学体系建设的延续，以网络为渠道，以课程体系内容为核心，力求实现日语教学过程中课程体系的综合设计。一般来说，资源库的建设不是进行各种教案、习题内容、阅读材料、教学素材等的简单堆积，而是要求教学工作者对资源、教学内容进行筛选。关于网页设计，应尽可能保持页面的风格统一，让师生能够获得同等重要的网络信息资源，提高日语教学效果。

参考文献

[1] 曹大峰. 面向大学本科教育的日语教学语法建设：理念、内容、方法的更新与发展 [J]. 解放军外国语学院学报, 2014, 37（2）：9-17+159.

[2] 曹长春, 屈江波, 赵楠婷. OBE 理念下的混合式教学模式在基础日语课堂中的应用研究 [J]. 佳木斯职业学院学报, 2021, 37（4）：70-71.

[3] 柴海燕. Seminar 教学法在中职日语教学中的探索与实践 [D]. 杭州：浙江工业大学, 2018.

[4] 陈珏. 小组讨论式 Seminar 教学法在二外日语课堂教学中的应用：以浙江中医药大学滨江学院为例 [J]. 台州学院学报, 2014, 36（2）：43-46.

[5] 程静. "新国标"背景下日本文学课程教学改革初探：以"日本文学概论"中的混合式教学实践为例 [J]. 科教文汇（下旬刊）, 2021（33）：188-192.

[6] 初子墨. 情境教学法应用于日语教学的实践探究 [J]. 知识文库, 2018（24）：87.

[7] 崔爽. 情境教学法在中职日语教学中的应用和问题 [D]. 大连：辽宁师范大学, 2011.

[8] 崔秀霞. 基于项目教学法的大学日语教学中环境保护意识培育探索 [J]. 环境工程, 2022, 40（9）：276-277.

[9] 邓娟娟. 交际教学法在高职日语教学中的应用探讨 [J]. 现代职业教育, 2019（27）：130-131.

[10] 董丽丽. 情景教学法在农业高校日语教学中的应用 [J]. 农村·农业·农民（B 版）, 2021（8）：61-62.

[11] 董圣洁. 传统教学法与交际教学法的有效结合：以二外日语教学为例 [J]. 现代

职业教育, 2017（33）: 224-225.

[12] 伏泉. 新中国日语高等教育历史研究 [D]. 上海: 上海外国语大学, 2013.

[13] 高冉. 情境教学法在日语教学中的应用 [J]. 课程教育研究, 2019（41）: 99.

[14] 高燕. 论交际教学法在高职日语会话课中的应用 [J]. 才智, 2012（35）: 280-281.

[15] 高逸群. 混合式教学在基础日语课堂中的应用研究 [J]. 现代商贸工业, 2022, 43（12）: 151-152.

[16] 高远. 任务教学法在高职商务日语专业教学中的应用 [J]. 知识窗（教师版）, 2021（5）: 125.

[17] 耿巍巍. 交际教学法在高职日语教学实践中的运用 [J]. 江苏经贸职业技术学院学报, 2018（4）: 84-86.

[18] 桂宏军. 情景教学在《中日交流标准日本语》教学中的应用 [J]. 湖北第二师范学院学报, 2022, 39（9）: 77-82.

[19] 韩冰. 商务日语课程线上线下混合式教学模式研究 [J]. 牡丹江教育学院学报, 2022（9）: 79-81.

[20] 韩金玉. 高校基础日语"金课"建设的实践路径 [J]. 大学, 2021（43）: 37-39.

[21] 韩丽萍. 跨文化视阈下的高级日语交际教学法模式初探 [J]. 经济师, 2015（8）: 236-237.

[22] 郝轶君. Seminar 在大学日语教学中的实践 [J]. 语文学刊（外语教育教学）, 2016（1）: 160-161.

[23] 胡晓寒, 李正亚. 高校日语"线上＋线下"混合式教学模式研究 [J]. 现代职业教育, 2022（1）: 64-66.

[24] 贾茜茜. 交际教学法在日语句型教学中的运用 [J]. 创新创业理论研究与实践,2018,1（15）：98-99.

[25] 姜雨彤,董丽仙.大学日语专业线上线下混合教学优化路径探索[J].作家天地,2021（14）：50-51.

[26] 蒋妍,谷娟. Seminar 教学法在《基础日语》课程中的应用 [J]. 读与写（教育教学刊）,2019,16（11）：4+6.

[27] 兰月凤. 日语学习者学习策略与口语能力关系的探究 [J]. 南方论刊,2018（11）：102-104.

[28] 李冰. 交际教学法在初中日语教学中的应用研究 [D]. 长春：长春师范大学,2017.

[29] 李汉平. 基于智慧树平台的日语课程线上线下混合式教学改革实践 [J]. 创新创业理论研究与实践,2022,5（18）：42-46.

[30] 李瑾. 独立学院第二外语日语教学的现状及对策研究 [J]. 课程研究,2018（8）：109.

[31] 李瑾. 独立学院第二外语日语教学现状及对策研究：基于兰州某独立学院的调查 [D]. 兰州：兰州大学,2018.

[32] 李珊珊. "互联网 +"视域下混合式教学模式的构建 [J]. 普洱学院学报,2021,37（3）：123-124.

[33] 林凤英,黄鹤鹤. 情景教学法在日语学习初级阶段中的应用探讨 [J]. 产业与科技论坛,2019,18（22）：151-152.

[34] 林韶南. "互联网＋"视域下线上线下混合式日语教学探究 [J]. 教育教学论坛,2022（37）：125-128.

[35] 刘碧芬,李本心. 情景教学法在地方高校日语专业听说模块课程中的应用：

以安顺学院为例 [J]. 当代教育实践与教学研究, 2020（10）：180-182.

[36] 刘思辰. 基于 PBL 教学法的高校日语教学模式改革创新：评《国际化视野中的专业日语教学改革与发展研究》[J]. 热带作物学报, 2021, 42（7）：2188.

[37] 刘彤. 基于 SPOC 的基础日语混合式教学模式的实践与探索 [J]. 山西青年, 2021（14）：30-31.

[38] 刘伟. 研讨式教学模式构建 [J]. 高等教育研究, 2008（10）：65-66.

[39] 刘玉洁. 基于 Seminar 教学法的立体化教学模式改革分析 [J]. 吉林广播电视大学学报, 2020（6）：88-89.

[40] 罗莉. "互联网＋教育"背景下高校日语混合式课程教学探究 [J]. 黄河·黄土·黄种人, 2021（5）：48-49.

[41] 马乐. 大学日语教学与跨文化交际能力的培养 [J]. 科教文汇（上旬刊）, 2019（13）：182-183.

[42] 马宵月. 创新日语教学模式 培养现代日语人才：评《日语教学法》[J]. 山西财经大学学报, 2021, 43（9）：131.

[43] 裴增. 日语教学中跨文化交际能力培养模式研究 [D]. 曲阜：曲阜师范大学, 2018.

[44] 钱晶晶. 善用交际教学法, 推进英语课堂改革 [J]. 英语画刊（高中版）, 2022（17）：85-87.

[45] 尚光子. 浅析初中日语教学中交际教学法的运用 [J]. 考试周刊, 2022（29）：100-103.

[46] 申冬梅. "互联网＋"时代基础日语智慧课堂教学模式设计：评《互联网＋时代的日语教学模式探究》[J]. 中国科技论文, 2022, 17（1）：124-125.

[47] 苏立. 情景教学法在中职外语教学中的研究与实践 [D]. 上海：华东师范大学,

2014.

[48] 苏伊娜. OBE 理念下的基础日语课程混合教学的探索与实践 [J]. 科学咨询（科技·管理）, 2021（9）: 129-130.

[49] 孙敏. 网络资源在高职二外日语教学中的应用策略研究: 以江西 A 职业学院为例 [D]. 南昌: 江西农业大学, 2015.

[50] 唐新艳. 当下大学日语教学发展之困: 以烟台大学为例 [J]. 教书育人（高教论坛）, 2020（30）: 74-75.

[51] 佟庆. 情景教学法在中职日语教学中的应用和问题 [J]. 中华辞赋, 2019（6）: 155.

[52] 王琳. 媒介语在日语教育中的应用: 基于外语教学法与跨文化交际教学的考察与实践 [C]// 刘晓芳. 日语教育与日本学研究: 大学日语教育研究国际研讨会论文集. 上海: 华东理工大学出版社, 2019: 22-28.

[53] 王敏. 留学生汉语敬语的偏误分析及情景法教学设计 [D]. 上海: 上海师范大学, 2019.

[54]] 王沁怡. 大学专业日语教学中教师 ICT 应用态度和应用行为研究 [D]. 北京: 北京外国语大学, 2020.

[55] 王蕊, 陈宝剑. 情景教学法在《日本文化概论》课堂教学中的应用研究 [J]. 山东农业工程学院学报, 2019, 36（10）: 145-146.

[56] 王思钰. 马克思主义实践认识论视域下高校日语教学发展研究 [J]. 大学, 2022（29）: 70-73.

[57] 王婷. 任务教学法应用在高职商务日语专业教学的思考 [J]. 中国多媒体与网络教学学报（中旬刊）, 2019（4）: 156-157.

[58] 王文婧. 任务教学法在基础日语教学中的应用 [J]. 教育教学论坛, 2020（5）:

231-232.

[59] 王颖. "互联网+"背景下线上线下日语教学研究 [J]. 产业与科技论坛, 2022, 21（2）：144-145.

[60] 魏海燕. "互联网+"背景下线上线下日语教学模式改革措施研究 [J]. 办公自动化, 2022, 27（13）：17-19+9.

[61] 吴昱燕. 情景教学法在高职日语教学中的运用研究 [J]. 科教导刊（中旬刊）, 2019（5）：89-90.

[62] 谢婧. 认知主义学习理论概述 [J]. 文教资料, 2006（28）：101-102.

[63] 谢恕. 交际法理论与实践分析 [J]. 海外英语, 2021（22）：214-215.

[64] 徐丹, 马庆春. 日语语言学课"课题研讨式"教学模式实践探究：基于日本"seminar"经验视角 [J]. 牡丹江教育学院学报, 2017（10）：31-33.

[65] 徐迎春. 建构主义理论下日语写作课读写结合模式的研究 [J]. 产业与科技论坛, 2021, 20（9）：178-182.

[66] 杨秀云. 基于交际教学法的高校日语教学中的元话语运用与分析 [J]. 常熟理工学院学报, 2012, 26（12）：63-66.

[67] 叶远, 吴敏. 国内英语交际教学法研究综述 [J]. 科技视界, 2022（4）：100-101.

[68] 由扬, 徐英东. 新文科背景下日语视听课程改革探索 [J]. 新课程研究, 2022（11）：24-26.

[69] 于学英. 大学日语教学与跨文化交际能力的培养 [J]. 农家参谋, 2020（8）：281.

[70] 袁佳伟. 情景教学法在高校日语精读教学中的应用研究 [D]. 长春：长春师范大学, 2017.

[71] 张彩云. 交际教学法在初中英语教学中的应用策略分析 [J]. 考试周刊, 2021（88）：94-96.

[72] 张红. 运用交际教学法促进因材施教 提升教育公平 [J]. 校园英语, 2022（5）：172-174.

[73] 张杰. 任务型教学法在日语专业语法教学中的实验研究 [D]. 哈尔滨：哈尔滨理工大学, 2014.

[74] 张秋燕. 基于 SPOC 的混合式教学模式在中职日语口语教学中的应用研究 [D]. 长春：吉林外国语大学, 2021.

[75] 张桃. 二外日语课程混合教学实践成效研究 [J]. 中国多媒体与网络教学学报（上旬刊）, 2022（2）：41-44.

[76] 张桃. 英语专业二外日语课程混合教学模式研究 [J]. 现代职业教育, 2021（36）：44-45.

[77] 张桃. 混合教学模式下思政教育融入二外日语教学研究 [J]. 成才之路, 2022（10）：103-105.

[78] 张中华. 多媒体环境下交际教学法在日语教学中的运用 [J]. 教育教学论坛, 2014（29）：78-79.

[79] 周婷. 谈任务教学法在综合日语课程中的应用 [J]. 辽宁师专学报（社会科学版）, 2018（4）：64-65.

[80] 朱世波, 葛晓昱. 谈语法翻译法和交际教学法在基础日语教学中的应用 [J]. 教育探索, 2014（2）：49-50.

后 记

　　为了更好地解决当前高校日语教学中存在的问题，提高日语教学的整体质量，本书选择多种教学理念和教学模式，希望能够通过教学融合的方式，丰富日语教学手段。将任务教学法、Seminar 教学法、交际教学法、情景教学法、混合式教学法、网络资源等与日语教学相结合，进而辅助教师选择和设计更加适合新时代日语专业学生的学习特点，满足学生发展需求的教学形式。教师要根据日语专业教学培养的基本目标和具体要求对多样化教学资源进行精挑细选，同时经过加工整理并完善日语教学设计，优化日语教学内容，满足学生认知发展基本规律。通过网络教学平台发布日语教学的内容，在具体教学手段应用过程中结合当前日语专业学生的认知特点与日语教学的基本规律，把握课程教学定位，同时结合任务驱动、探究学习、协同提升等基本理念，突破原有日语教学模式的时空限制。利用新型教学模式转变原有以教师为主导的日语教学课堂，加深学生对现代日语教学的认识程度，重视课后自主学习环节，运用多元化的教学内容激发学生对日语学习的兴趣和热情，以提升学生日语实践技能。尤其在听、说、读、写等日语应用技能培养过程中，要通过多元化教学模式，加强对学生的知识传授，提高学生综合素养及实践技能，进而提升日语教学的整体质量和效率。

　　本书以当前高校日语专业教学的目标要求为基础，提出要对原有教学的基本规划进行调整，要注重日语教学与普通教学存在的差异，进而结合高校学生学习能力和知识储备及认知特点，总结日语课堂教学方式和手段，因此本书探索总结出来的理念与策略适用于日语教学的应用实践。本书是在理论总结、实践探究、归纳分析的基础上得出的结论，具有创新性。本书指出无论是交际教学、情景教学还是网络教学，都应与日语教学相匹配，提出对日语教学资源的优化设计和选择要充分符合日语类课程教学的基本特点，匹配学生职业发展规律，明确日语教学的特征和要求，以人才培养目标为宗旨，由此构建课堂教学基本结构，丰富教学内容，同时注重对日语听、说、读、写等实践技能的训练。本书提出根据当前高校学生日语学习认知水平所构建的现代教学模式不应完全替代传统课堂教学，而应对原有教学形式起到补充和辅助的作用，并将其作为教学改革过程中的重要一环，真正发挥对课堂教学的延展性功能。本书还提出日语情景教学所构建的教学应用模式不应只是点的应用，而应形成线和面，从而将多元化教学形式贯穿日语教学的整个过程，并从课堂教学延伸到课后学习，使学生形成终身学习的习惯。本书通过分析日语教学改革的新方法和新模式，在教学指导、教学实践方面有着一定的创新价值。同时紧随当前互联网信息技术发展趋势，希望探索出新时代日语新型教学方法和手段，利用网络优势创新传统教学模式。

　　虽然本书取得了一些有关日语教学创新的经验和成果，但由于作者研究经验和能力水平的局限性，因此还存在许多不足之处，如问题探究不够深入，还有许多方面有待提高。例如，日语教学改革实践探索只在少数学校展开，在实践探究中针对的调查对象也有限，再加上课题研究实验周期短，数据量较少，需要进行一系列更加深入的探究过程。在互联网背景下学生形成的自主探究学习模式还需进一步优化。另外，在互联网蓬勃发展的新时期，移动互联设备和网络传播共享在辅助日语教学的过程中发挥的优势作用也值得进一步探索研究。因此，日语新型教学法的探索成为日语教学者在教学实践中的重要课题和工作内容，教师也应在参与过程中不断搜集信息和教学资源，融入先进的教学理念，实现日语教学人才培养的与时俱进。